지혜롭게 준비하는

취업보다 창업

지혜롭게 준비하는
취업보다 창업

초판 1쇄 발행 | 2016년 10월 12일

지 은 이 | 비즈업
발 행 인 | 김영희
기획·마케팅 | 권두리
구성·편집 | 김민지
디 자 인 | 문강건
발 행 처 | (주)에프케이아이미디어(프리이코노미북스)
등록번호 | 13-860호
주 소 | 07320 서울특별시 영등포구 여의대로 24 FKI타워 44층
전 화 | 출판콘텐츠팀 | 02-3771-0435, 영업팀 | 02-3771-0245
홈페이지 | www.fkimedia.co.kr
팩 스 | 02-3771-0138
E-mail | kmj9949@fkimedia.co.kr
I S B N | 978-89-6374-235-9 03320
정 가 | 1만 5,000원

이 도서의 국립중앙도서관 출판예정도서목록(CIP)은 서지정보유통지원시스템 홈페이지(http://seoji.nl.go.kr)와 국가자료공동목록시스템(http://www.nl.go.kr/kolisnet)에서 이용하실 수 있습니다. (CIP 제어번호 : CIP2016023642)

스펙 쌓기에만 매달리지 말고 나만의 업業을 찾아라

지혜롭게 준비하는 취업보다 창업

비즈업 지음

프리이코노미북스

책을 펴내며

단군 이래 창업하기 가장 좋은 시대?

'단군 이래 창업하기 가장 좋은 시대'

요새 창업 시장이 그렇다고 합니다. 정부 지원이 홍수처럼 넘쳐나고, 주변에 "창업하고 싶다"는 사람도 부지기수인 걸 보면 틀린 말은 아닌 듯한데요. 그런데 '창업전성시대', 그렇게 반갑게 들리진 않습니다. 왜일까요.

국내 기업의 창업 후 3년 내 생존율은 41.0%(2013년 기준). 신생 기업 10곳 가운데 6곳이 '죽음의 계곡Death Valley'을 넘지 못한 채 문을 닫습니다. 이는 룩셈부르크(66.8%), 호주(62.8%), 이스라엘(55.4%), 미국(57.6%) 등에 한참 못 미치는 수치로, 경제협력개발기구OECD 17개 주요 회원국 가운데 '꼴찌'입니다. 이처럼 승률 낮은 생존 게임에 너도나도 뛰어드는 형국이니 마냥 박수칠 일만은 아닌 게 분명해 보입니다.

앞서 제시한 생존율 '41%'보다 더 주목해야 할 숫자, '63%'. 국내 창업 기업 가운데 '생계형'이 차지하는 비중입니다. 그러니까 대한민국에서의 창업은 "돈 좀 더 벌겠다"고 안정된 직장 때려치우는 '능동형 도전'이 아니라 먹고살기 위해 어쩔 수 없이 선택한 '벼랑 끝 승부'인 경우가 훨씬 많은 것입니다. OECD 주요 회원국 가운데 우리나라보다 생계형 기업의 비중이 높은 나라는 어디일까요? 없습니다.

이런 현실에 비춰보면 '유사 이래 창업하기 가장 좋은 시대'라는 말은 '유사 이래 창업을 할 수밖에 없는 가장 절박한 시대'로 대체돼야 할 것 같습니다. 이 책『취업보다 창업』은 이러한 절박함에 실질적이고, 구체적인 도움이 됐으면 좋겠다는 바람을 담았습니다.

저희 비즈업B'ZUP은 2016년 4월 창립한 뉴미디어 기업입니다. '보통 사람들의 특별한 일 이야기'를 디지털 시대의 독자 눈높이에 맞춰 맛깔나게 풀어내는 일을 합니다. '왜 보통 사람의 특별한 일이냐'고 물으신다면, 지금껏 대개의 미디어는 이른바 '셀러브리티celebrity들의 별 다를 것 없는 일'을 소개하는 데만 몰두해왔기 때문입니다. 이미 높은 지위에 오른 사람들의 성공 담론을 주로 다뤘던 것인데, 이런 이야기들은 가만 보면 추상적이고 결과론적이어서 우리들 마음에 와 닿지 않는 경우가 많습니다.

오히려 '유사 이래 창업을 할 수밖에 없는 가장 절박한 시대'에 필요한 건 우리와 비슷한 사람들이 자신만의 업業을 일궈나가며 얻은 지혜 아닐까요. 그래서 저희 비즈업은 셀러브리티가 아닌 장삼이사張三李四들에 주목하고 싶었습니다. 전통시장에서 나물을 데쳐 파는 청년들, 고물상에 숨겨진 보물을 발굴하는 일을 업으로 삼은 분 등의 이야기가 이 책에 실린 이유입니다.

창립 후 지난 5개월간 잦은 우여곡절과 좌충우돌 속에 나온 비즈업 콘텐츠를 책으로 엮으면 어떻겠느냐고 먼저 제안해주신 FKI미디어 김영희 대표님께 감사의 인사를 드립니다. 그리고 지난 우여곡절과 좌충우돌을 기꺼이 감내한 비즈업의 식구들, 이런 우리를 묵묵히 응원해주는 가족들, 진심으로 존경합니다. 저희들의 취재 요청에 선뜻 응해주신, 자신만의 멋진 업을 당당히 일궈나가고 계신 장삼이사 대표님들께도 이 자리를 빌려 고마움을 전합니다.

아직 채워야 할 게 더 많은 저희 비즈업을 '팔로우' 해주시고, '좋아요' 해주시는 독자분들이 있어 힘이 납니다. 이 책을 통해 비즈업을 처음 아셨다면, 디지털 시대의 독자 눈높이에 맞는 맛깔난 콘텐츠를 열심히 만들 테니 저희 비즈업을 '팔로우' 해주시고 '좋아요' 해주세요. 감사합니다.

2016. 10
비즈업 대표 유병온

목차

part 1

창業스쿨

창업하기 전 공부해야 할 모든 것

1 입문반

당신이 창업할 준비가 됐다는 신호 7가지

창업은 그 시점이 중요하다. 여기에 제시된 7가지 신호가 지금 당신의 마음가짐과 비슷한가? 그게 바로 당신이 창업을 진지하게 고민해야 할 때임을 알리는 것인지도 모른다.

01 자유를 원한다

사무실 책상에 앉아 있을 때 우리에 갇힌 원숭이처럼 느껴지는가. 발목을 잡고 있는 사슬을 풀고 탈출하는 데에는 창업만이 유일한 해법일지도 모른다.

02 역사에 남을 무언가를 만들고 싶다

끝없는 열정과 철저한 계획으로 사업에서 성공을 거둔다면 당신 역시 헨리 포드나 토머스 에디슨, 스티브 잡스처럼 역사 속 위대한 기업가의 반열에 오를 수 있다.

03

누군가로부터 지시받는 것이 싫다

상사 때문에 마음이 답답하고 자신만의 답을 찾고 싶은 상황이라면, 당신에게도 창업의 순간이 다가왔을지 모른다.

04

돈을 빨리 벌고 싶다

물론 많은 돈을 하루 새 벌 수는 없다. 그러나 일단 당신이 열정과 시간을 사업에 투자하기 시작한다면, 돈은 언젠가 물밀듯이 들어올 수도 있다.

05

배우는 것이 즐겁다

사업가가 되기 위한 과정 중 50%는 배움이다. 당신이 배움의 즐거움을 아는 사람이라면 창업 전선에 뛰어들 준비가 된 것이다.

06

남과 다른 시선으로 세상을 바라본다

성공한 사업가들은 남들과는 조금 다른 시선으로 세상을 바라본다. 헨리 포드가 자동차를 만들고 있을 때 다른 사람들은 단지 더 좋은 마차를 고민할 뿐이었다.

07

자신의 열정대로 살고 싶다

다람쥐 쳇바퀴 돌 듯 흘러가는 직장 생활에 흥미를 잃어 가고 있다면, 지금이야말로 당신만의 사업을 시작해야 할 적기인지도 모른다.

내 사업이 잘 될지 분석해 보기

창업을 결심한 당신. 지금 염두에 둔 업종과 아이템이 얼마나 성공을 거둘지 고민이 많다. 이때 필요한 게 바로 '사업타당성 검토', 즉 내 아이템이 시장에서 얼마나 잘 팔릴지, 수익은 얼마나 될지 등을 체계적으로 분석해보는 것이다. 업종 선정과 달리 여기엔 복잡한 숫자 계산이 필요하고, 그만큼 까다로운 게 많아 초보 창업자들이 가장 피하고 싶어 하는 절차로 꼽힌다.

그러나 아무리 작은 사업이라도 타당성 분석은 꼭 필요하다. 그래야 '예견된 실패'를 최대한 피할 수 있기 때문이다. 가장 좋은 방법은 전문기관에 맡기는 것이지만 소상공인들에겐 현실적으로 어려운 일이다. 사업자 스스로가 해볼 수 있는 '약식 사업타당성 분석'을 소개한다. '시장성', '기술성', '수익성' 등 3가지로 나눠 내 사업의 타당성을 분석해보자.

사업타당성 분석 단계

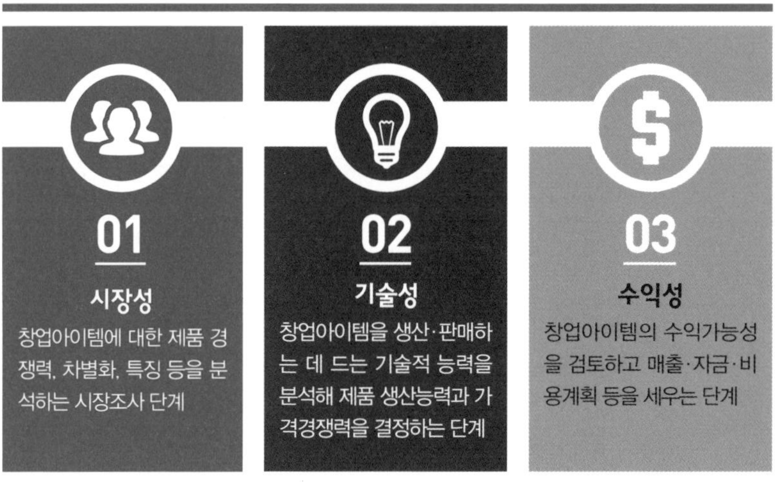

사업타당성 분석 – 시장성 편

시장성 분석은 '시장 동향', '제품성', '수요 예측', '제품 환경' 등으로 구분된다. 아이템에 따라 필요 없는 항목은 제외해도 무방하다.

우선, 시장 동향 분석은 시장 규모를 따지는 일부터 시작한다. 전문서적이나 인터넷 등을 활용해 해당 아이템이 창업하고자 하는 지역에 얼마만큼의 시장을 형성하고 있는지 알아보면 된다. 계절마다 시장 규모의 편차가 크거나 학교 주변에만 상권이 형성돼 있는 등 시장 고유의 성격이나 유통 구조의 특이점을 체크해둬야 한다.

경쟁할 가게의 현황과 전략을 미리 파악해두는 것도 잊지 말아야 한다. 그러고 나서 해당 아이템의 소비자를 수소문해 왜 그것을 사는지, 얼마나 자주 사는지 등도 조사하면 유용하다. 여유가 된다면 직접 길거리 설문조사를 해보는 것도 방법이다.

시장성 분석

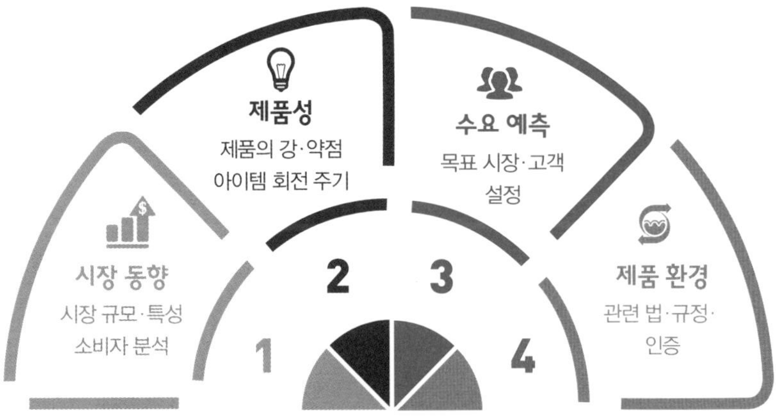

이렇게 시장 동향 분석을 마친 뒤엔 아이템 분석, 즉 '제품성'을 보다 자세히 들여다볼 차례다. 만약 '나주곰탕'을 아이템으로 선정했다면 나주곰탕만의 강점과 약점을 객관적으로 따져봐야 한다.

나주곰탕은 다른 곰탕과 무엇이 다른지, 유명한 프랜차이즈 브랜드는 뭐가 있는지 등을 파악해볼 필요가 있다. 아이템 회전 주기도 반드시 측정해야 할 항목이다. 아이템 회전 주기는 단골손님의 방문이 뜸해지는 통상적 기간을 의미하는데, 사업 롤모델이 될 만한 가게 주인에게 직접 물어보는 게 가장 확실한 방법이다.

시장 동향 및 제품성 분석을 마쳤다면 지금까지의 자료를 바탕으로 목표 시장·고객을 선정해야 할 차례다. 바로 시장성 분석 항목 가운데 '수요 예측' 분야다. 이때의 목표 설정은 구체적일수록 좋다. 그래야 목표 고객의 소비성향·구매패턴 등을 분석해 수요를 예측할 수 있기 때문이다.

시장 분석 시 잊지 말아야 할 항목이 하나 더 있다. '제품 환경'을 살펴보는 일이다. 각 아이템마다 관련 법이나 규정, 미리 구비해야 할 인증 등이 다르다. 가령 요식업의 경우 위생교육을 이수해야 사업자 등록이 가능하다. 이 밖에 로하스 인증, 전통식품 품질인증, 식품안전관리인증HACCP 등 아이템의 퀄리티를 담보할 수 있는 것들을 확보해두는 게 소비자 신뢰도 향상에 도움이 된다.

시장성 분석을 위한 작업이 끝났다면 가장 마지막 단계로 본인의 분석 자료를 가능한 한 많은 사람과 공유해보자. 여러 사람의 의견을 들을수록 좀 더 좋은 사업 모델을 세울 수 있다. 이 모든 절차를 마친 뒤 시장성이 없다고 판단된다면 과감하게 업종·아이템 선정 단계로 되돌아가야 하고, 시장에서 잘 팔리겠다는 판단이 들면 '기술성' 분석으로 넘어가면 된다.

사업타당성 분석 – 기술성 편

아무리 시장성을 갖춘 아이템이라 할지라도 시간과 돈이 많이 드는 복잡한 기술이 필요한 것이라면 사업 현실성은 뚝 떨어지게 된다. 반대로 경쟁 업체와 기술력이 크게 차이가 없거나 빈약한 경우에도 창업을 다시 고려해봐야 한다.

흔히 정보기술IT이나 제조업 분야에서만 기술성 분석이 필요하다고 여길 수 있지만, 자영업 창업에도 기술성 분석은 아주 중요하다. 사업타당성 검토 마지막 단계인 '수익성'을 가늠할 수 있는 수치들을 기술성 분석을 통해 산출할 수 있기 때문이다.

기술성은 크게 '기술 평가', '생산원가 분석', '투자금액 산출'로 나눠 분석해볼 수 있다. 육회 전문점을 예로 들어 기술성 분석과정을 설명해보자.

일단 육회 전문점을 차리려면 소고기를 잘 썰어내는 기술이 필요하다. 고기를 신선하게 보관하고 요리할 좋은 주방도 있어야 한다. 만약 예비창업자가 직접 고기를 썰어낼 기술을 갖추고 있다면 다른 육회 전문점과 고기 맛을 차별화할 수 있는 기술이 있는지 검토해봐야 한다. 창업자가 기술을 배울 생각이라면 어디서, 어느 정도의 기간 동

기술성 분석

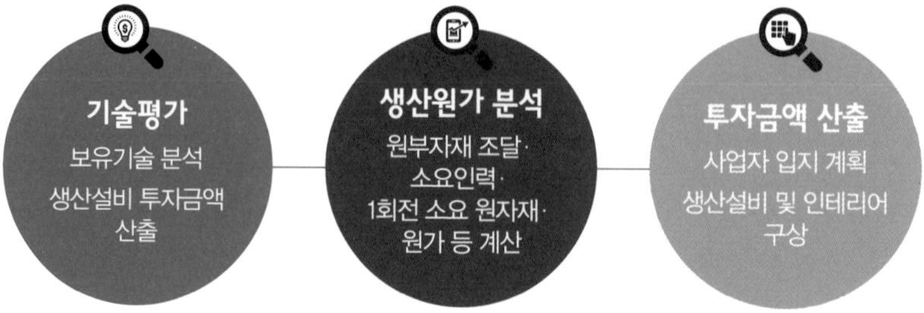

안 얼마의 비용을 지출해야 할지도 미리 알아봐야 한다.

고기 써는 기술자를 고용하는 방법도 있을 수 있다. 이 경우엔 기술자를 고용하는 비용이 보통 얼마에 형성돼 있는지 조사해야 한다. 다음은 생산설비 투자금액을 계산해보아야 한다. 육회 전문점은 주방 장비를 갖추는 데 얼마의 비용이 드는지 견적을 내보자.

이제 생산원가를 분석해볼 차례다. 가장 먼저 할 일은 원자재와 부자재를 어디서, 얼마에 조달할 수 있는지 알아보는 일이다. 소고기의 등급별 공급 가격을 비교해보고 양념, 밑반찬 등을 만들 수 있는 식료품 시세도 미리 체크해봐야 한다. 또 생각해둔 가게 규모에 맞는 직원 수 역시 계산에 넣어야 한다. 가게 전체가 한 번 가득 찼을 때 드는 원·부자재 비용을 계산해두는 것도 중요하다. '수익성'을 결정짓는 데 꼭 필요하기 때문이다.

기술성 분석의 마지막 단계는 사업에 얼마를 투자해야 할지 계산해보는 일이다. 염두에 두고 있는 점포의 시세를 따져보고, 선택한 점포의 권리금·보증금과 월세 견적을 내보자. 인테리어에 쓸 수 있는 최대 비용도 정해야 한다. 여기에 생산설비 원가를 더하면 '상품'을 뺀 투자금액이 산출된다.

물론 모든 금액이 정확할 필요는 없다. 아직까지는 사업타당성을 '검토'해보는 단계이기 때문이다. 구체적인 계산은 모든 결정이 끝난 후 '사업계획서' 작성 단계에서 해도 늦지 않다. 다만 계산기를 두드려 보면서 '가격경쟁력이 있겠다'는 생각이 들 경우에만 다음 과정인 '수익성' 분석으로 넘어가는 것이 좋다.

사업타당성 분석 – 수익성 편

'수익성'은 사업타당성 검토의 마지막 단계이자 최종 목적이다. 자선 사업을 하려는 게 아니라면 사업에서 가장 중요한 것은 수익창출이다. 수익이 나오지 않는 아이템은 시장성과 기술성을 갖췄다 해도 과감히 버려야 한다. 결국 시장성과 기술성 분석은 '수익성'을 따져보기 위한 준비과정이며, 진짜 중요한 건 바로 이번에 살펴볼 '수익성'이다.

수익성은 매출액을 추정하고 비용·자금계획을 세운 후 추정손익계산서를 작성해 분석할 수 있다.

① 매출액 추정하기

수익성을 분석하기 위해 가장 먼저 할 일은 내 가게 매출이 얼마나 나올지 예측해보는 일이다. 매출액을 추정하는 방법은 여러 가지가 있

수익성 분석 과정

다. 그중 가장 쉽고 정확한 방법인 경쟁점포 조사법을 살펴보자.

경쟁점포는 창업을 생각하고 있는 상권의 동일 업종 점포 중 상위 3개를 대상으로 하는 게 좋다. 혹은 유동인구가 비슷한 다른 상권의 '롤모델' 점포를 조사해도 된다. 시간이 다소 걸리더라도 일주일 정도를 투자해 매출을 시간대별, 요일별로 조사하는 것이 정확도를 높이는 방법이다. 최고 수치와 최저 수치를 확인해 평균을 내면 된다.

경쟁점의 매출을 조사해볼 시간이 없다면 손쉽게 소상공인시장진흥공단의 상권정보시스템(sg.sbiz.or.kr)에 접속해 창업을 원하는 행정구역과 업종을 선택하면 전체 점포의 평균 매출을 바로 확인할 수 있다. 하지만 행정구역을 시·군·구 단위까지만 지정할 수 있고 업종 구분도 세밀하지 않아 구체적인 정보를 얻기 힘든 단점이 있다. 카드사 가맹점 매출을 기반으로 한 통계라 정확하지도 않으니 참고자료 정도로만 활용하는 것이 좋다.

매출액 추정법 – 경쟁점 조사

월 매출액 계산법

좌석 수×좌석점유율×회전율×
객단가×월 영업일수

좌석 수: 테이블 수×테이블당 좌석 수

좌석점유율: 4인 테이블에 평균 2명이 식사하는 경우 50%

회전율 ex) 점심시간대: 1.5~2회전 /
저녁시간대: 1~1.5회전

평균객단가: 테이블에서 평균적으로 지불하는 돈을 테이블 인원수로 나눈 금액

***QUIZ**
4인 테이블이 10개인 식당에서 일일 평균회전율 3회, 객단가 7,000원, 좌석점유율 50%, 영업일 26일인 경우 예상 월 매출액은?

40석×3회전×7,000원×점유율 0.5×26일 = 1,092만 원

② 비용·자금 계획 세우기

기술성 분석을 마쳤다면 점포를 열고 영업하는 데 드는 비용 견적을 내보았을 것이다. 이를 바탕으로 비용 계획을 세우면 되는데 불확실한 비용도 모두 포함해 작성하는 것이 좋다. 상품을 만드는 데 드는 원재료비와 적정 인건비, 예상 상가 임차료를 먼저 책정해둔다. 이 3대 비용은 동종업계에 비해 너무 높지 않도록 책정하는 것이 관건이다. 기술성 분석에서 미리 내두었던 설비·인테리어 견적도 다시 한 번 확인해보자. 그 후 전기·수도·가스 등의 공과금, 복리후생비, 수수료, 마케팅 비용도 미리 추정해놓는다.

이제 자금계획을 세울 차례다. 현재 본인이 조달할 수 있는 자금 액수를 확인하고 대출이 필요하다면 은행별로 가능한 대출 금액과 이자율, 상환조건 등을 확인한다. 비용계획을 짜면서 창업에 필요한 자금을 계산했으니 대출을 얼마나 받아야 하는지, 이자는 얼마를 내야 하는지 예측할 수 있을 것이다. 이 숫자들은 다음 단계인 추정 손익계산서를 작성하는 데 필요하기 때문에 정리를 잘 해두는 게 좋다.

③ 추정 손익계산서 작성하기

이제 사업타당성 검토의 최종 관문만 남았다. 손익계산서를 작성하면 보다 확실한 데이터를 가지고 내 사업의 앞날을 예상해볼 수 있다. 지금까지 조사해뒀던 숫자들을 가지고 계산기를 두드릴 시간이다.

a. 매출 총이익 계산하기

매출 총이익은 경쟁점을 조사해 추정해놓은 매출액(A)에서 원재료

추정 손익계산서 작성 시 필요한 숫자들

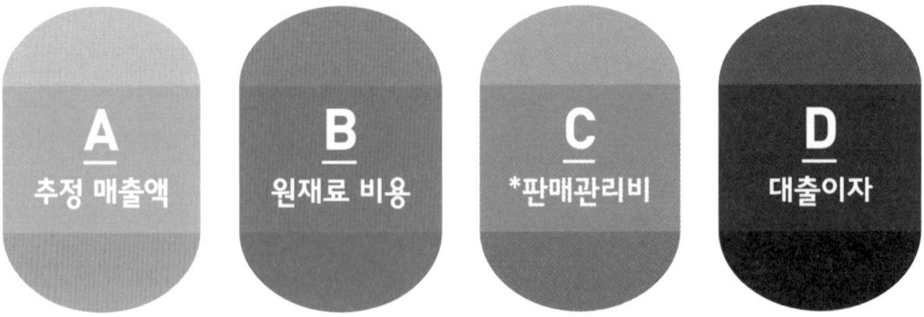

*판매관리비: 마케팅비, 인건비, 임차료, 공과금 등
주: 1년 기준

비용(B)을 빼면 된다. 매출 총이익이 마이너스라면 정상적인 생산을 하지 못하는 상태이거나, 원재료 비용이 너무 높아 사업성이 없다는 뜻이다. 원재료 비용을 더 낮출 수 없는 상황이라면 사업 계획을 접는 것이 예견된 실패를 피하는 방법이다.

b. 영업이익 계산하기

영업이익은 앞서 계산해둔 매출 총이익에서 판매관리비(C)를 빼면 된다. 영업으로 얻을 수 있는 수익이 얼마인지 알 수 있는 척도다. 매출 총이익이 마이너스가 아님에도 불구하고 영업이익이 마이너스가 된다면 마케팅비, 인건비, 임차료 지출이 너무 높다는 의미다. 판매관리비를 줄이려는 노력을 해야 '돈 버는' 사업을 할 수 있는 상태라는 것이다. 더 이상 줄일 게 없다면? 역시 창업을 하지 않는 것이 좋다.

계산해둔 영업이익이 대출이자(D)보다 적으면 재무구조 개선이 필요한 상태다. 대출금을 줄이거나 이자율이 더 낮은 은행을 찾아보는 것이 좋다. 원재료 비용, 판매관리비를 줄여 영업이익을 늘리는 것도 방법이다. 하지만 가장 좋은 선택지는 충분한 자금이 모일 때까지 창업을 잠시 미뤄두는 것이 아닐까?

TIP

❶

단돈 150만 원으로
내 집에서 창업할 수 있는 아이템

대부분은 자기 회사가 집에서 가깝고, 자유로운 분위기의 공간이기를 바란다. 만약 내 방이, 내 집이 사무실이 될 수 있다면 어떨까? 자본금 150만 원으로도 시작할 수 있는 홈오피스 창업 아이템, 다음 8가지 아이디어를 내 집 창업의 쏠쏠한 팁으로 활용해보자.

1. 청소 서비스

야간 시간대를 이용해 상가나 사무실 청소 서비스 사업을 시작해볼 수 있다. 서비스 지역을 한곳에 집중해 이동 시간을 아끼자. 청소 손이 많이 필요한 음식점을 집중적으로 공략한다면 장기적인 고객을 확보할 수도 있다. 일반 가정을 고객으로 삼고자 한다면 입소문에 신경 쓰자.

2. 컴퓨터 수리 서비스

워드프로세서나 스프레드시트, 디자인이나 보안 프로그램과 같은 소프트웨어에 익숙하다면 컴퓨터 수리 서비스를 고려해보라. 물론 프린트와 스캐너 같은 컴퓨터 주변 기기에도 능숙할 필요가 있다. 인터넷 서비스 공급자에 대해서도 충분히 공부한다면 개인 고객부터 기업까지 다양한 고객을 상대할 수 있을 것이다.

3. 업종별 상담가

은퇴한 사람이라면 자신이 몸담았던 업계에 대한 상담 서비스를 제공할 수도 있다. 제약회사 창고에서 물류를 담당해봤거나 신발 공장을 차려본 경험이 있다면, 또는 미용

용품 도매상이나 요식업에 종사해본 사람이라면 그 업계에 대해 누구보다 잘 알고 있을 것이다. 이러한 경험을 살려 다른 사람들이 사업하는 과정에서 시행착오를 겪지 않도록 조언을 해보자.

4. 가전제품 수리 서비스

컴퓨터 서비스와 마찬가지로 가전제품 수리 역시 약간의 기술과 손재주만 있다면 상대적으로 저비용으로 시작할 수 있는 좋은 사업이다. 소형 가전제품의 경우 고객들이 직접 당신에게 제품을 가지고 올 수도 있고 당신이 직접 수리할 물품을 찾으러 갈 수도 있어야 한다. 고물 가전제품을 수집한다면 수리용 부품을 얻어낼 수도 있다.

5. 벼룩시장

의외로 적지 않은 사람들이 벼룩시장 구경을 좋아한다. 작은 공간을 마련하고 가끔 상품이 진열된 모습만 바꿔준다면 제품이 많지 않더라도 방문하는 사람들에게 신선함을 줄 수 있다.

6. 인테리어, 리폼 전문가

디자인에 대한 안목이 좋은 사람이라면 인테리어나 가구 리폼 사업을 시작해보자. 집을 꾸미는 데 시간이 부족하거나 무엇부터 손대야 할지 모르는 고객들을 위한 서비스를 제공하자.

7. 선물 바구니 서비스

사람들이 무엇을 좋아하는지 어느 정도 읽어낼 줄 아는 사람이라면 선물과 관련된 사업이 적격이다. 만약 취미로 향초를 만들거나 선물 바구니에 담을 만한 아이템을 제작할 줄 안다면 더할 나위 없다. 핸드로션, 비누부터 매니큐어나 음료수까지 사람들이 좋아할 만한 것들을 모아놓은 바구니를 제작해보자.

8. 자전거 수리

자전거 수리 사업은 계절의 영향을 많이 받지만 이를 오히려 활용할 수도 있다. 작은 창고를 빌린 뒤 자전거 수리와 함께 비시즌인 겨울 동안 이를 보관해주는 사업을 추진해보자. 자본의 여유가 있다면 대여 사업도 할 수 있다. 주말에도 가게를 연다면 동호회 회원들의 단체 예약을 기대할 수 있다.

2
기초반

창업 실패를 피하기 위한 기본 원칙 5가지

통계청의 최근 자료에 따르면 국내 기업의 3년 후 평균 생존율은 38.2%에 불과하다. 창업 기업 10곳 가운데 6곳이 3년을 버티지 못하고 문을 닫는다는 의미다. 풋내기 창업가들이 실패하는 이유 가운데 의외로 '기본 원칙'을 간과하는 경우가 많다.

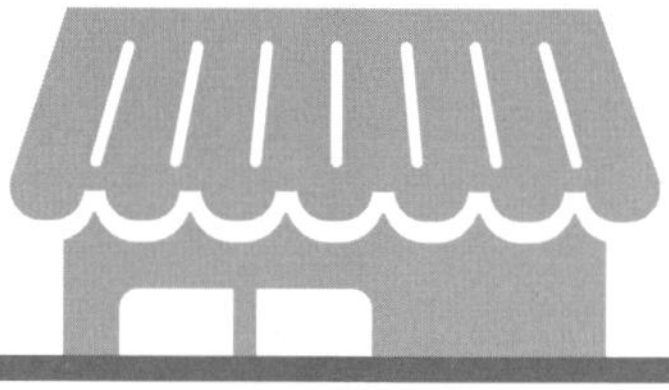

01 목표를 구체화하라

숙박업을 시작하려 한다고 가정해보자. 그렇다면 당신의 사업 목표는 '홈페이지 예약 서비스를 만들어 12개월 이내에 평균 숙박률을 70~80% 선으로 끌어올린다', '비수기에 4인 가족 대상으로 할인 행사를 열어 숙박 점유율 60% 이상을 유지한다'처럼 구체적이어야 한다.

02 현금이 왕이다

"매출은 허상이고 이익이 본질이지만, 현금은 현실이다Turnover is vanity, profit is sanity but cash is reality." 사업에서 현금의 중요성을 강조한 오래된 서양 격언이다. 돈이 이동하는 흐름을 정확하게 읽어내고, 들어올 돈과 나갈 돈의 균형을 유지할 수 있어야 창업 실패 리스크를 덜 수 있다.

03 동업자를 고를 때는 신중해야 한다

사업을 함께 이끌어갈 동업자를 고르는 일은 평생의 반려자를 찾는 것과 비슷하다. 서로 잘 아는 사이가 편할 것이란 생각에 동업은 주로 가족이나 친척, 친구 관계에서 이뤄지는 경우가 많다. 그러나 이 경우 사업이 계획한 대로 잘 풀리지 않으면 사업뿐 아니라 인간관계도 함께 위험에 처해질 수 있다. 인간적인 친밀함보단 서로 부족한 부분을 어떻게 보완할 수 있는지를 따져 동업자를 선택하는 게 좋다.

04 시장을 공부하자

사업의 성공은 얼마나 꼼꼼히 시장 조사를 하느냐에 달려 있다. 가장 좋은 시장 조사 방법은 당신이 발 들일 시장을 직접 방문해보는 것이다. 염두에 두고 있는 사업 후보지를 찾아가 주변 상점의 분위기와 스타일을 살펴보자.

05 전문가의 조언에 귀 기울이자

신생 사업일수록 회계사나 세무사 등 전문가 선임료가 부담스러워 사업주가 직접 해결하려는 경우가 많다. 그러나 창업 초기에 사업주는 사업에만 집중하는 것이 좋다. 모든 것을 다 챙기려다 하나도 제대로 하지 못하는 결과를 초래할 수 있기 때문이다. 그래도 지출을 늘리기 어렵다면 창업 박람회나 창업 육성 프로그램을 활용해보자. 창업 경험이 있는 지인의 조언을 얻는 것도 하나의 방법이다.

당장 오늘에라도 실천할 수 있는 창업 준비

지금까지 자신의 아이템이 사업에 적절한지 판단해봤다면 이젠 사업을 본격적으로 실행할 단계다.

"목표를 달성하는 사람들은 중요한 것부터 먼저 하고, 한 번에 한 가지 일만 수행한다." 현대 경영학의 아버지로 불리는 피터 드러커Peter Drucker의 저서 『자기경영노트(원제: The Effective Executive)』에 나온 말이다. 창업도 마찬가지다. 일의 경중에 따라 순서를 정하고, 그에 맞춰 단계를 밟아나가는 것이 중요하다.

① '브레인 스토밍Brain-storming' 말고 '브레인 라이팅Brain-writing' 하라

사업 아이디어를 구체화하는 데 있어선 '브레인 스토밍'보다 '브레인 라이팅'이 더 효율적이다. 전자가 아이디어를 자유롭게 쏟아내는 것이라면 후자는 그 아이디어를 글로 먼저 적은 뒤 주변 사람들과 토론하는 것을 말한다.

브레인 스토밍의 단점은 독창적인 의견이 결론으로 채택되기 어렵다는 점이다. 회의 초반에 제시된 의견에 집중하는 경향이 높기 때문이다. 미국 노스웨스턴대학의 리 톰슨Leigh Thompson 켈로그경영대학원 교수는 "아이디어가 마구 쏟아져 나오는 상황에서는 먼저 나온 의견에 끌려다닐 가능성이 크다"며 "가장 독창적인 아이디어보다 '가장 목소리 큰' 사람의 의견이 결론으로 선택되기 쉽다"고 설명한다.

톰슨 교수는 그 대안으로 브레인 라이팅 방식을 제안한다. 각자 생각한 아이디어를 같은 공간에 먼저 적고, 그다음 회의를 진행하면 특정 의견에 치우치지 않고 객관적인 토론이 가능하다는 것이다. 아울러 아이디어 제시자를 익명으로 남겨놔 사적 감정을 앞세운 투표를 막을 수 있다.

② 시장을 배우고 분석하라

아이디어가 결정됐다면 시장에 대해 공부해야 한다. 잠재 고객과 경쟁자를 분석하고, 사업에 본격적으로 착수하기 위해 필요한 자금 규모를 파악해야 한다. 경제 상황과 시장이 변함에 따라 사업 운영도 달라져야 하기 때문이다.

인터넷으로 정보를 수집하거나 업계 종사자에게 의견을 구하는 등 시장 조사 방법은 여러 가지다. 서점에서 창업 성공 사례를 찾아보거나 관련 잡지를 구독하고 외부 강의를 수강할 수도 있다. 전문 보고서를 찾아보는 것도 좋은 방법이다.

③ 사업계획서를 '구체적'으로 작성하라

사업계획서는 창업 성공을 위한 필수 로드맵이다. 이를 통해 3년, 5년, 10년 뒤를 계획하고 사업이 나아갈 길을 구체화할 수 있어야 한다.

사업계획서에는 아래의 것들이 반드시 포함돼야 한다.

1. 핵심 목표: 사업을 통해 달성하려는 목표를 설정한다.

2. 사업 소개: 어떤 사업을 계획 중인지 설명하고 사업 방식을 구체화한다.

3. 시장 분석: 관련 산업과 시장, 경쟁자들을 분석한 자료를 제시한다.
4. 조직 및 운영: 사업체 세부 구조를 결정한다.
5. 상품 및 서비스: 판매하려는 상품과 서비스를 제시하고 잠재 고객들에게 어떤 편의를 제공할 수 있는지 설명한다.
6. 마케팅 및 판매: 다른 업체와의 차별점을 설명하고 판매 전략을 소개한다.
7. 자금 조달 계획: 추가적인 자금 조달이 필요할 경우 어떻게 해결할 것인지 설명한다.
8. 재무 계획: 향후 예상 수익을 제시한다.

④ 행동의 우선순위를 정하라

경영 전문 칼럼니스트 제프 헤이든Jeff Haden은 사업계획서를 작성할 여유가 없다면 최소한 우선순위라도 정해둬야 한다고 강조한다. 그가 생각하는 우선순위는 다음과 같다.

1. 사업체를 등록하고 허가를 받는 것이 가장 우선이다.
2. 필요한 서류를 준비하고 혜택 받을 수 있는 세금감면 제도가 있는지 알아보라.
3. 정부에서 요구하는 행정 절차가 있는지 알아보라.
4. 사업용 은행 계좌를 따로 마련해 개인 자금과 분리·운영하라.
5. 회계장부를 직접 써라. 그래야 돈의 흐름을 파악할 수 있다.

⑤ 법적으로 인정받아라

사업은 개인사업자, 공동사업자, 유한책임회사, 주식회사, 협동조합 등의 형태로 등록할 수 있다. 다만 이 법적 요건을 충족하고 등록을 허가받는 과정은 그리 간단치 않고, 사업의 성격에 따라 그 절차도 상이하다. 혼자서 모든 과정을 감당하기 어렵다면 세무사나 법무사 사무소를 찾는 것이 효율적일 수 있다.

⑥ 자금을 확보하라

최근엔 엔젤 투자자, 벤처 캐피탈 외에도 다양한 자금 통로가 새로 등장했다. 가족이나 지인, 은행의 지원을 받기 어렵다면 아래 경우도 고민해보자.

1. **온라인 개인 간P2P 대출:** 은행 등 금융기관을 거치지 않고 온라인을 통해 이뤄지는 개인 간 대출이다. P2P 중개업체를 통해 대출을 신청하면 다수의 투자자가 자금을 모아 빌려준다.
2. **크라우드펀딩:** 인터넷이나 모바일 네트워크 등을 통해 모인 불특정 다수가 투자 주체다. 소셜네트워크서비스SNS를 활용해 자금을 모을 수도 있어 상대적으로 절차가 간단하다.
3. **마이크로펀딩:** 크라우드펀딩보다 소액을 모금하는 방식이다. 지역이나 커뮤니티 기반의 마이크로펀딩이 떠오르는 추세다.
4. **도매업체 및 다른 사업체의 지원:** 사업 계약을 맺고 있는 업체로부터 돈을 융통할 수도 있다.

5. **지원사업 및 창업보육 프로그램 참가:** 정부기관이나 지방자치단체가 추진하는 프로그램은 예비 사업자나 신생 기업이 기본적인 인프라를 갖출 수 있도록 지원한다. 자금 조달은 물론 기업 운영 전략이나 인력 조달, 마케팅 등에 걸쳐 전문가의 도움을 받을 수도 있다.

⑦ 시장의 관심을 끌어라

본격적으로 사업을 시작하기 전에 잠재 고객층을 탄탄하게 다져둬야 한다. 관심을 끌 만한 홍보자료나 영상물을 제작해 온라인 마케팅을 시작하는 것도 바람직한 방법이다. 직접 현장에 나가 고객을 만나거나 거리 이벤트를 진행할 수도 있다. 이 과정을 통해 강한 브랜드 이미지를 구축해두어야 사업을 원활하게 시작할 수 있다.

실행의 첫걸음, 회사 이름 짓기

사업 실행에 앞서 회사의 첫 인상이며, 사업의 존폐를 결정할지도 모르는 '사명**社名**' 짓기에 도전해보자.

글로벌 검색 업체 구글의 이름엔 남다른 에피소드가 있다. 구글의 공동창업자 래리 페이지**Larry Page**와 세르게이 브린**Sergey Brin**이 당초 생각했던 이름은 10의 100제곱을 뜻하는 '구골**Googol**'. 그러나 두 사람에게 수표를 써 주던 한 투자자가 실수로 적은 '구글**Google**'이란 단어가 더 맘에 들었던 두 창업자들은 회사 이름을 곧바로 바꾼다. 훗

날 전 세계적으로 이름을 날리게 되는 회사의 명품 이름은 그렇게 만들어졌다. 내 마음에 꼭 맞은 이름을 찾아내기란 좀처럼 쉽지 않다. 다음의 사항들을 체크하며 '구글'보다 좀 더 멋지고 유명해질 이름을 만들어보자.

① 발음하기 좋아야 한다

오랫동안 사랑받는 회사 이름을 만들기 위해서는 '구글'이나 '스타벅스'처럼 발음하고 듣기에 좋아야 한다. 이메일 주소를 만들기에도 편해야 한다. 여러 번 소리 내 읽어보면서 자연스럽게 입에 붙는 이름으로 정하자.

② 짧을수록 좋다

미국의 컴퓨터 회사 '델Dell'이나 파일 공유 서비스 업체 '박스Box'의 이름은 단 한 단어다. 이처럼 짧고 간결한 이름이 기억하기도 쉽고, 온라인 도메인을 만들기에도 효과적이다. 아무리 멋진 이름이라도 간결하지 않다면 쓸모없다는 사실을 기억해두자.

③ 검색엔진이나 포털에 적합해야 한다

당신이 미용실을 준비하며 상호를 '헤어살롱'이라고 정했다고 가정해보자. 온라인 포털에서 '헤어살롱'이라고 검색했을 때 과연 당신 업체가 첫 번째 페이지에 나올 수 있을까.

회사나 상호를 간단하게 하는 것은 좋지만, 그것이 너무 평범하거나 일반적이어서 다른 사업체들과 혼동되는 일은 없어야 한다.

④ 고객에게 신뢰를 줄 수 있어야 한다

참신하게 보이고 싶거나 경쟁 업체보다 돋보이고 싶은 마음에 과도하게 '튀는' 이름을 고르지는 말자. 욕심보다 중요한 것은 고객의 인식이다. 사업 내용에 따라 달라질 수 있지만, 일반적으론 고객에게 적당한 신뢰를 줄 수 있어야 좋은 이름이다.

⑤ 고객의 반응을 고려한다

적당한 후보군을 정했다면 이제 고객들의 반응을 살펴보자. 가능한 한 많은 사람의 의견을 들어보는 것이 좋다. 어쩌면 사람들이 가장 좋아하는 이름보다는 가장 잘 기억하는 이름이 정답일 수도 있다.

⑥ 충분한 시간을 들여 검토한다

시간에 쫓겨 상호나 회사 이름을 결정하는 것은 피해야 한다. 사업의 첫 단계부터 모든 것을 완벽하게 갖춰놓고 시작하기란 어려운 일이고, 때로는 완벽한 이름을 찾아내는 데 수개월이 걸리기도 한다. 조바심을 버리자. 다른 일들을 먼저 처리하면서 동시에 적당한 이름을 고민해보라.

⑦ 열린 마음을 갖는다

업체명을 한 번 바꾼다고 해서 세상이 무너지는 것은 아니다. 사명이 변경되더라도 업체의 성격과 이미지만 유지된다면 문제없다. 당신이 원하는 아이덴티티를 전달하면서 주 고객층에 호소력을 발휘할 수 있는 이름이 무엇인지 생각해보라.

⑧ 모바일 사용자를 고려한다

만약 당신이 모바일 기기를 통한 판매도 고려하고 있다면 사업체의 이름이 스마트폰 화면이나 애플리케이션 아이콘에 어울릴지도 고민해봐야 한다. 간결한 이름일수록 모바일 환경에 잘 어울린다는 점을 기억하자.

⑨ 모든 것을 다 담으려고 하지 말자

업체명이 사업의 모든 내용을 담고 있을 필요는 없다. 가장 좋은 이름은 당신 사업의 정신을 반영하는 이름이다.

⑩ 시각적으로 돋보일 수 있게 한다

최종적으로 이름이 결정됐다면 이제 시각적인 효과를 어떻게 줄 것인지 고민해보자. 글자체와 크기를 정하고 띄어쓰기를 의도적으로 변경할 수도 있다. 사업 내용과 어울리는 특정한 이미지를 이용하는 것도 좋다.

제품에 제값을 매기는 방법

제품의 종류에 따라 다르지만 가격이 소비자의 구매에 미치는 영향은 통상 30% 정도 된다는 게 관련 연구 결과다. 그런데 이 '가격'이라는 것, 적정가를 찾기가 쉽지 않다. 마냥 싸다고 좋은 것도 아니고 —오히려 비쌀수록 잘 팔릴 수도 있다(베블렌 효과Veblen effect)— 그렇다고 지나치게 비싸면 소비자들로부터 외면받기 십상이다.

① 판매 방식부터 결정하라

'쇼루밍Showrooming'. 오프라인 매장에서 제품을 살펴보고 실제 구매는 값이 싼 온라인에서 하는 현상을 지칭하는 용어다. 상품 가격에 민감한 소비자들을 감안한다면 온라인과 오프라인 중 어디를 주요 판매처로 삼을지 결정하는 건 매우 중요하다. 오프라인 판매는 소비자들로 하여금 실제 제품을 경험하게끔 할 수도 있고, 고객과의 실시간 소통도 가능하다는 장점이 있다. 반면 온라인은 매장 운영비용을 절감해 상대적으로 저렴한 가격에 상품을 판매할 수 있다. 판매 방식부터 결정한 뒤 가격을 정하자.

② 버릴 줄 알아야 한다

뮤지컬의 본고장 뉴욕 브로드웨이의 뒷골목에는 '오프 브로드웨이Off-Broadway'가 있다. 큰길에서 벗어나 있지만 개성 있는 공연으로 관객을 끌어모으는 소규모 극장들이 모인 곳이다. 사람이 많이 오가는 '메인 스트리트'의 입지 효과를 누리면서도 비용을 상대적으로 절감할 수 있는 뒷길에 입점하는, 이른바 '서브 스트리트' 전략인 셈. 이러한 전략을 활용해 보증금과 임대료 등 고정 비용을 절감하며 가격 경쟁력을 확보할 수 있다. 제품이 충분히 좋다는 확신이 있다면 화려한 인테리어나 과도한 마케팅 비용을 줄이는 '버림의 미학'을 발휘해 보아도 좋다.

③ '프리미엄'과 한정판매를 활용하라

문구업체 '모나미'가 지난 2014년 선보였던 프리미엄 볼펜 '모나미 153ID'. 한 자루에 1만 5,000원으로 기존 모나미 볼펜보다 50배나 비쌌지만 온라인에선 품귀 현상까지 빚으며 인기를 끌었다. 이처럼 소비자들은 '프리미엄'에 더 쉽게 지갑을 여는 경향이 있다. 앞서 설명한 일종의 '베블렌 효과'다. 비싸서 갖고 싶은 상품으로 만들어내는 것도 전략. 이와 더불어 '오늘만 세일'이나 '주간 할인' 등 한정 판매 방식을 활용하면 소비자의 구매 욕구를 자극할 수 있다. '지금 사지 않으면 안 된다'는 생각이 들게끔 만드는 판매전략을 고민할 필요가 있다.

④ 고객과의 신뢰를 쌓아라

마케팅 전략가 필립 코틀러Philip Kotler 미국 노스웨스턴대학 켈로그경영대학원 교수는 지금이 '마켓 3.0 시대'라고 설명한다. 마켓 3.0 시대의 핵심은 소통과 협력, 그리고 참여다. 이 시대의 소비자는 스스로 주체가 되어 인터넷이나 모바일 네트워크를 통해 정보를 수집하고 공유한다. 이처럼 정보력 강한 소비자들을 사로잡기 위해선 실력을 통해 신뢰를 쌓을 필요가 있다. '믿고 구매하는' 소비자가 많아질수록 제값을 받고 팔 가능성이 커질 것이다.

⑤ 이젠 '가치의 시대'다

소비자는 '스토리'가 담긴 상품을 선호한다. 특히 공공 서비스나 사회적 기업의 경우 가격보단 직원 복지나 사회공헌 활동이 소비를 결정하는 더 중요한 판단 기준으로 작용하기도 한다. 단순히 좋은 제품을 만드는 차원을 넘어서 특별한 문화나 스토리를 통해 소비자가 공감할 수 있는 브랜드를 만들어낼 수 있어야 한다. 고객의 마음에 호소할 수 있는 가치를 제시하고 공감할 수 있는 제품을 만들고 홍보하자.

⑥ 가격경쟁에 주의하라

하지만 주의할 점도 있다. 과도한 가격경쟁은 때론 공멸을 가져온다. 최저가에 대한 집착은 제 살 깎기 식 출혈 경쟁으로 이어질 수 있다. 가격 이외의 분야에서 차별성을 갖는 것이 필요하다. 더 좋은 품질과 서비스, 브랜드 이미지와 기업윤리 등으로 내 회사는 다르다는 것을 보여줘라. 블로그 등을 통해 업계 내 전문 정보를 알려주거나 소셜네트워크서비스를 소통창구로 활용하는 것도 좋다.

마케팅 기본원칙

사업에는 두 가지 기능만이 있다. 첫 번째가 마케팅이고 두 번째는

혁신이다.

내 아이디어를 하나의 제품·서비스로 탄생시키는 건 '제조'의 영역이지만, '사람들이 돈을 지불하고 살 만한' 상품인지를 결정하는 건 '마케팅'의 일이다. 제조만큼, 아니 그보다 더 중요한 게 바로 마케팅이라고 전문가들은 말한다. 어떤 고객에게 어떻게 접근해야 내 제품을 상품화할 수 있는지, 그 기본적인 마케팅 전략을 수행하는 것이 사업 성공의 키포인트가 될 수 있다.

① 나만의 강점을 찾아라

'USPUnique Selling Proposition'란 마케팅 용어가 있다. '독특한 판매 지점'이란 뜻으로, 내 사업만의 차별화된 가치를 알아야 적정 가격과 목표 고객층을 결정할 수 있다. 특별한 맛, 독특한 디자인, 빠른 배달 등 내 상품이나 서비스가 경쟁 업체에 비해 우월한 지점이 뭔지 생각해보자. 강점을 찾은 뒤에는 고객의 입장에서 내 사업을 평가하는 '역지사지'의 자세가 필요하다. 만약 내가 고객이라면 이 상품에 얼마까지 지불할 수 있을지 고민해보자.

② 목표 고객층을 정하자

시장 진출Go-To-Market 전략에서 가장 중요한 것은 목표 고객층을 결정하는 일이다. '모든' 고객에게 어필할 수 있는 상품은 없다. 본격적으로 사업을 시작하기에 앞서 내 상품을 소비할 고객층이 누구일지 충분히 고민해야 한다. 성별, 나이, 직업, 거주환경, 가족구성, 근무시간, 소득수준 등 내 사업에 가장 잘 반응할 고객층이 누구일지 찾은 뒤 그에 맞는 적정 가격을 정하자.

③ 판매 전략을 세우자

목표 고객층이 정해졌다면 어떤 판매 전략을 이용해야 가장 많은 수익을 남길 수 있을지를 고민해야 한다. '교차 판매cross-selling' 전략을 예로 들어보자. 치킨에 맥주, 햄버거에 콜라를 세트로 판매하는 것처럼 내 제품·서비스를 다른 것과 묶어 파는 교차 판매 전략으로 고객의 구매율을 더 높일 수 있는지 살펴보자. 고객에게 더 나은 가격 조건을 제안하거나 상품의 품질을 강조해 원래 구입하려던 상품보다 더 비싼 상품을 구입하도록 하는 '업셀링up-selling' 전략도 자주 활용되는 방식이다.

④ 판매 채널을 결정하자

인터넷, 모바일 등이 보편화되면서 상품을 판매할 수 있는 길도 다양해졌다. 내 목표 고객층이 가장 많이 이용하는 쇼핑 '플랫폼'이 무엇인지부터 파악하자. 온라인 시장이 커졌다고 해서 온라인 판매가 오프라인보다 유리할 것이라는 맹목적인 믿음은 버리자. 젊은 직장인이라면 온라인 쇼핑몰을, 다소 여유 시간이 많고 연령대가 높은 고객이라면 오프라인 매장을 선호할 것이다. 요식업 등 오프라인 매장을 열 수밖에 없는 업종이라면 위치 선정에 공을 들여야 한다. 내 고객이 자주 다니는 길목이 어디인지 알아보고 유동인구는 어느 정도인지 직접 확인해보자.

⑤ 원하는 목표를 분명히 하되 유연성을 잃지 말자

사업 초기부터 내가 원하는 사업 목표를 분명히 해둘 필요가 있다. 판매량이 어느 정도이고 수익이 얼마나 발생해야 내가 원하던 '성공'이라고 말할 수 있을까. 이 목표가 정해졌다면 혼자만 간직하지 말고 동료들과 공유해야 한다. 모든 구성원이 하나의 목표를 인지하고 함께 나아갈 때 목표에 더 빨리 도달할 수 있다.

다만 이미 세워둔 목표에 지나치게 집착하진 말자. '마케팅의 아버지'라 불리는 필립 코틀러는 "언제든 변화할 태세를 갖추라"는 말을 남겼다. 시장 상황은 내 의지와 상관없이 항상 변한다. 사업 환경에 따라 유연성을 갖고 적절히 변화하는 게 중요하다.

TIP ❷

결혼보다 어렵다는 동업 성공하기

창업을 처음 시작할 때, 주변 사람들과 함께 시작을 하는 경우가 많다. 누군가와 사업을 함께한다는 건 마치 결혼을 하는 것과 같다. 섣불리 동업에 나서기 전에 고려해야 할 사안이 그만큼 많다는 의미다.

영국 최대의 물물교환식 미디어 회사 'Astus'의 창립자 프랜시스 디킨스Frances Dickens는 친구 폴 잭슨Paul Jackson과 동업하는 과정에서 얻은 교훈을 6가지로 정리했다. 주변인과 동업을 생각하고 있다면 이들의 얘기에 귀를 기울여보자.

1. 십자군과 같은 마음으로 시작하라

Astus는 현금이 아니라 자신들의 물품이나 서비스 제공으로도 미디어 홍보 비용을 결제할 수 있도록 해주는 '물물교환식' 미디어 회사다. 지난 2003년 설립 이후 현재는 40명의 직원을 거느리며 영국과 태평양 지역에서 사업을 펼쳐 나가고 있다.

동료이자 가까운 친구 사이였던 프랜시스와 폴은 기존의 홍보 회사와는 다른 방식의 사업체를 만들어야겠다고 결심했고, 이를 위해서는 자신들이 직접 새로운 회사를 차릴 수밖에 없다는 결론에 이르렀다. 당시에 그들이 몸담고 있던 곳에서는 도저히 답을 찾을 수 없었기 때문이다. 프랜시스는 이처럼 공동창업자 모두가 서로 절실하게 공유하고 있는 열정이 있어야만 사업을 제대로 시작할 수 있다고 말한다.

2. 먼저 함께 일해보라

프랜시스와 폴은 4년가량 함께 일해봤던 경험이 있어 서로의 장단점을 알고 있었고, 어떻게 하면 동업에 성공할 수 있을지도 예상할 수 있었다. 무엇보다도 둘 사이에는 서로에 대한 믿음이 있었다. 미국 하버드대학 경영대학원의 노암 와서맨Noam Wasserman 교수가 기술 스타트업 분야의 창립자 만 명을 대상으로 진행한 연구에 따르면 공동창립자 중 가장 안정적으로 유지되고 있는 관계는 전직 동료 사이였다. 반면, 친구 사이에서 시작된 동업자의 경우 그 관계가 가장 불안했다.

3. 업무와 사생활 양쪽 모두를 관리하라

공동 창업 과정에서 프랜시스와 폴은 상당한 금액의 돈을 초기 자본으로 투자했다. 두 명 모두 평생 모은 돈을 투입했기 때문에 그들의 개인적인 행보가 회사 운명에 직결된 것은 당연한 일이었고, 이 때문에 둘은 업무와 사생활이 서로 영향을 미친다는 사실을 항상 인지하려고 노력했다. 한 명이라도 개인적으로 고민하는 일이 있다면 최대한 그 일이 업무에 영향을 미치지 않도록 적극적으로 도왔다.

4. 서로의 역할을 명확하게 정하라

프랜시스와 폴은 각자의 책임 분야를 확실하게 구분하고 사업을 시작했다. 자부심이 강하고 사교적인 프랜시스는 고객 응대와 회사의 최고경영자CEO 자리를 맡았고, 팀을 이끌고 숫자를 다루는 데 능숙한 폴은 최고운영책임자COO가 됐다. 서로의 역할이 정확했기에 이들은 중대한 결정을 내릴 때도 서로의 판단을 존중할 수 있었다.

5. 출구전략을 세워라

프랜시스는 출구전략을 세우는 것이 친구와 동업하는 과정에서 가장 먼저 이뤄져야 한다고 말한다. 사업이 어려워지는 상황에선 우정이 유지되기 어렵다. 이때 분명한 출구전략이 세워져 있다면 그나마 그 과정이 덜 고통스러울 것이라고 조언한다.

6. 모든 걸 함께할 사이인지 자문해보라

친구와 동업한다는 것은 새로운 사업에 있어 평생의 반려자를 찾는 것과 비슷하다. 스스로 질문을 던져보자. 상대의 사소한 단점까지 참아낼 수 있는가? 새로운 도전에서 겪을 스트레스와 불확실함을 이겨낼 정도로 두 사람의 관계가 굳건한가? 이 질문에 확실한 답을 내릴 수 있을 때 동업 여부를 결정할 수 있을 것이다.

3-1
심화반

퀴즈로 알아보는 상가건물임대차보호법

가로세로 낱말퀴즈

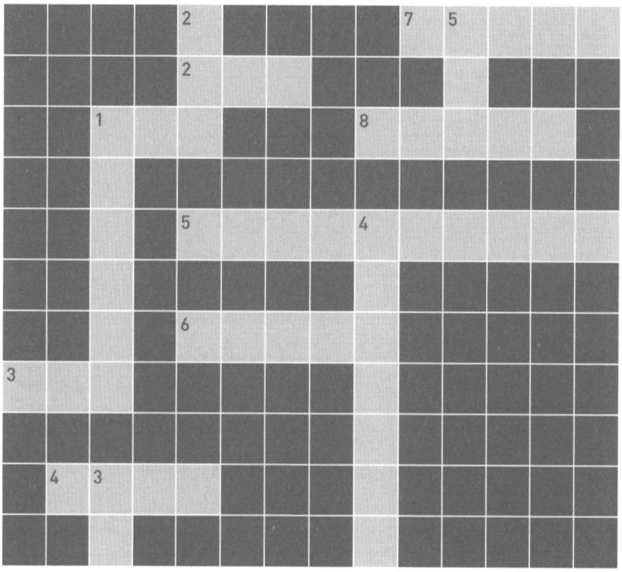

***법알못을 위한** HINT

월세상한제
약자
권리금
우선변제권
세입자
임대차보증금
대항력
사업자등록
임대인
임차권등기명령
계약갱신
임차인
상가건물임대차보호법

*법을 잘 알지 못하는 사람

가로열쇠

1. 임대차 계약에서 돈을 내고 물건을 빌려 쓰는 사람
2. 임차인이 제3자에게 자신의 임대차관계를 주장할 수 있는 권리
3. 점포의 장소적 이점이나 영업허가권의 대가로 주고받는 금전
4. 유효기간 내에 동일한 내용으로 재계약하는 것
   상가임대차법에는 5년 동안 ○○○○권을 보장함
5. 상가건물을 빌리는 사람을 보호하기 위한 법의 정식 명칭
6. 건물을 빌리는 사람이 보증금을 우선해서 변제받을 수 있는 권리
7. 월세의 인상을 제한하는 제도. 상가임대차법에는 연 9%의 ○○○○○가 있음
8. 사업 개시 사실을 알리기 위해 관할세무서에 신고하는 절차
   상가임대차법은 ○○○○○의 대상이 되는 상가건물에만 적용되는 법임

세로열쇠

1. 건물을 빌리는 사람이 채무를 담보하기 위해 주인에게 맡겨두는 돈
2. 임대차 계약에 따라 돈을 받고 물건을 빌려준 사람
3. 힘이나 세력이 약한 사람. 상가임대차보호법은 상대적 ○○ 보호가 목적
4. 임대차 계약 종료 이후 임차인이 보증금을 돌려받지 못할 경우
   권리를 인정받기 위해 법원에 신청할 수 있는 제도
5. 세를 내고 남의 집이나 방 따위를 빌려 쓰는 사람

정답

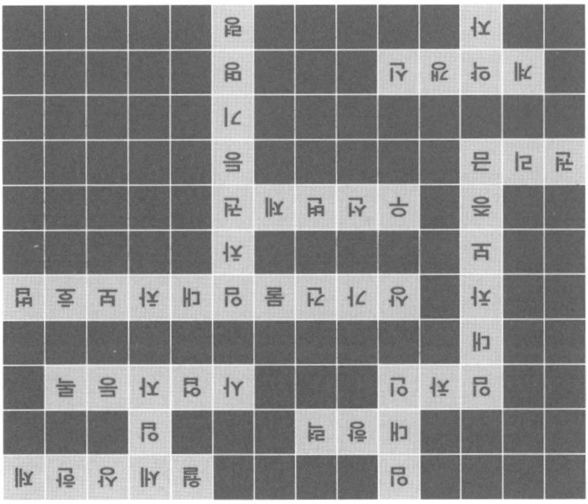

'건물주'로부터 뒤통수 안 맞으려면

세입자가 건물 주인의 횡포에 억울한 일을 당했다는 뉴스를 종종 접하게 된다. '조물주 위에 건물주'라는 말이 있을 정도로 우리나라 임대인의 지위는 막강하고, 그만큼 임차인은 불리한 상황에 놓이는 경우가 많다. 상가건물을 빌려 자기 사업을 꾸려나가는 이들 역시 그렇다. 이처럼 '을'의 위치에 있는 임차 창업인들을 보호하기 위한 법률이 바로 상가건물임대차보호법(이하 '상가임대차법')이다.

자기 건물 안에서 사업을 벌이는 건 소수의 '선택받은 자'만이 가능한 일. 창업을 결심했다면 스스로를 지키기 위해 상가임대차법을 제대로 알아야 할 필요가 있다.

상가임대차법은 크게 6가지 내용으로 분류된다.

첫째, 대항력 부여. 대항력은 임대차 계약 도중 건물주가 바뀌었을 경우 새로운 주인에게 기존의 계약관계가 유효함을 주장할 수 있는 권리를 의미한다. 상가임대차법은 임차인에게 대항력을 부여해 애초의 계약기간이 끝날 때까지 계속 상가건물을 사용할 수 있도록 보호해준다.

둘째, 존속 기간 보장. 임차인은 계약기간이 만료되기 최소 1개월 전에 주인에게 계약을 갱신해달라고 요구할 수 있다. 전체 계약기간이 5년을 넘지 않는 한 주인은 이를 부당하게 거절할 수 없다. 임차인의 의사에 반하여 함부로 내쫓을 수 없다는 의미다.

셋째, 월세·보증금 증액 제한. 건물 주인이 월세나 임대차 보증금을 지나치게 올리지 못하도록 제한한 조항이다. 이 월세상한제에 따르면 건물 주인은 연 9% 이내의 범위에서만 임차료를 인상할 수 있다.

넷째, 권리금 회수 기회 보호. 2015년 5월부터 새롭게 시행된 조항이다. 처음 입주할 때 세입자가 냈던 권리금을 다음 세입자로부터 받을 수 있는 '기회'를 보장해준 것이다. 이에 따르면 건물주는 세입자가 신규 임차인으로부터 권리금을 받는 것을 방해하면 안 되고, 이를 어길 경우 손해를 배상해야 한다. 다만 이 법은 세입자가 권리금을 받을 권리를 보호해준다는 의미이지, 권리금 그 자체를 보장해준다는 의미는 아니다.

다섯째, 우선변제권 인정. 입주해 있던 상가건물이 경매에 넘어갈 경우 다른 채권자들보다 우선적으로 보증금을 변제받을 수 있도록 한 조항이다. 이 법 덕분에 임차인이 보증금을 떼일 확률은 현저히 낮아지게 된다.

여섯째, 임차권등기명령제도. 계약이 끝났음에도 건물주가 보증금을 돌려주지 않는다면 법원의 힘을 빌릴 수 있는 제도다. 법원에 임차권등기명령을 신청하면 대항력과 우선변제권을 바탕으로 보증금을 반환하도록 주인을 압박할 수 있다.

3-2 심화반

퀴즈로 알아보는 상가건물임대차보호법

사다리 퀴즈

Q1. 권리금의 종류는 크게 4가지로 나뉩니다. 바닥권리금, 시설권리금, 영업권리금, 이익원리금은 각각 어떤 가치의 대가일까요?

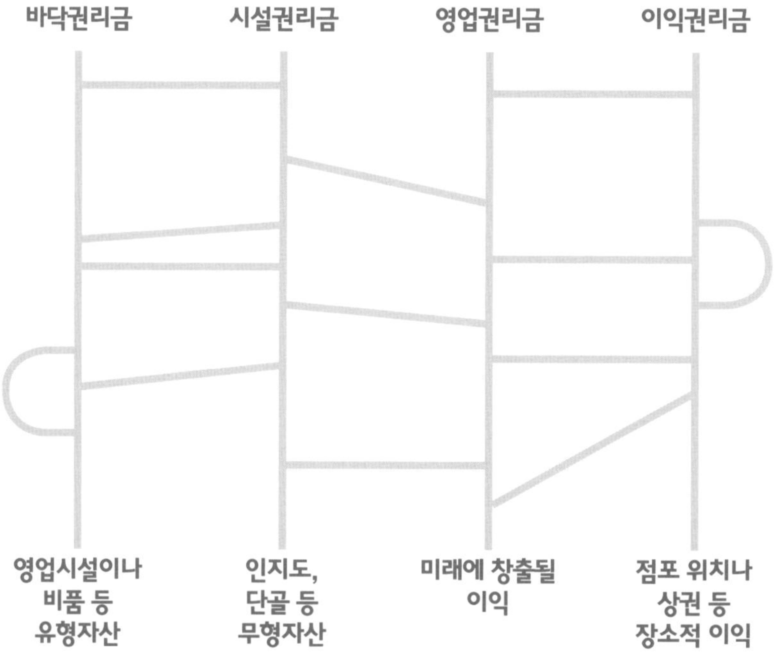

Q2.

상가임대차법의 적용을 받을 수 있는지 여부를 따지는 중요한 기준으로, **'이것'**이 일정 금액 이하여야 법의 보호를 받을 수 있습니다. '이것'은 무엇일까요?

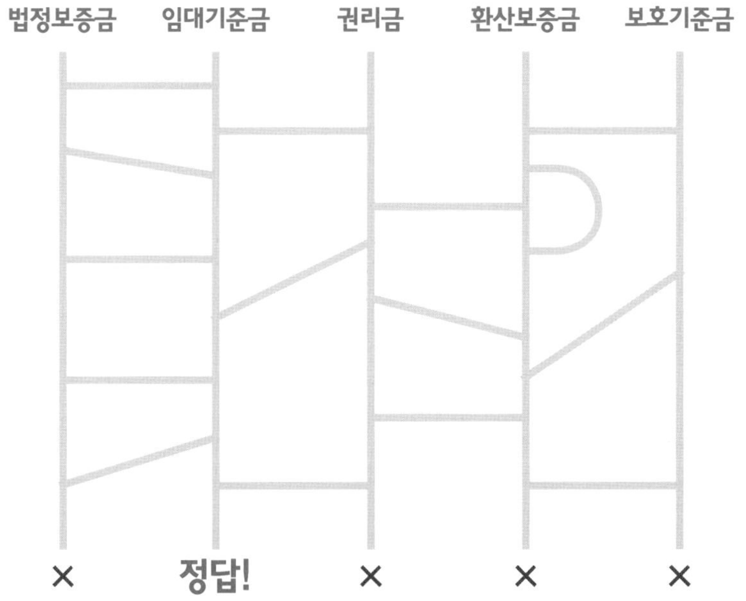

Q3. '환산보증금'은 임대보증금에 무엇을 더해서 계산할까요?

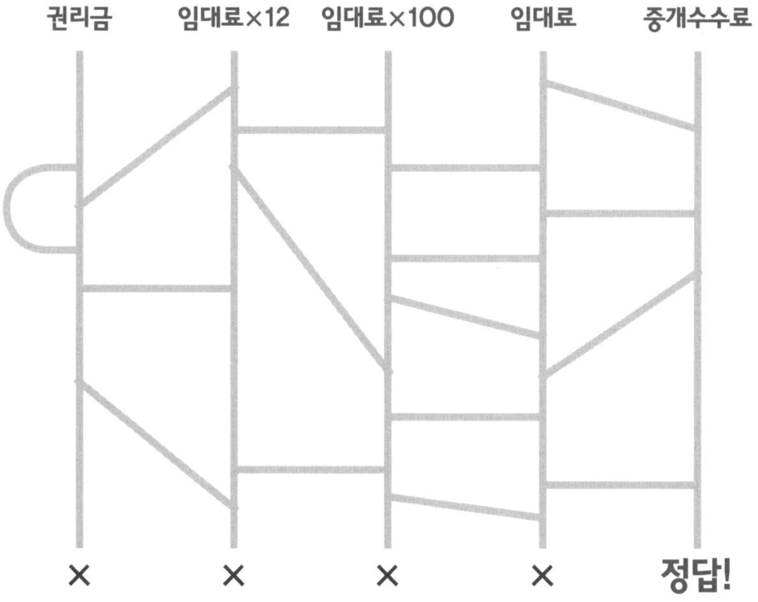

Q4. 상가임대차법의 보호를 받을 수 있는 서울 지역의 **환산보증금 기준**은 얼마일까요?

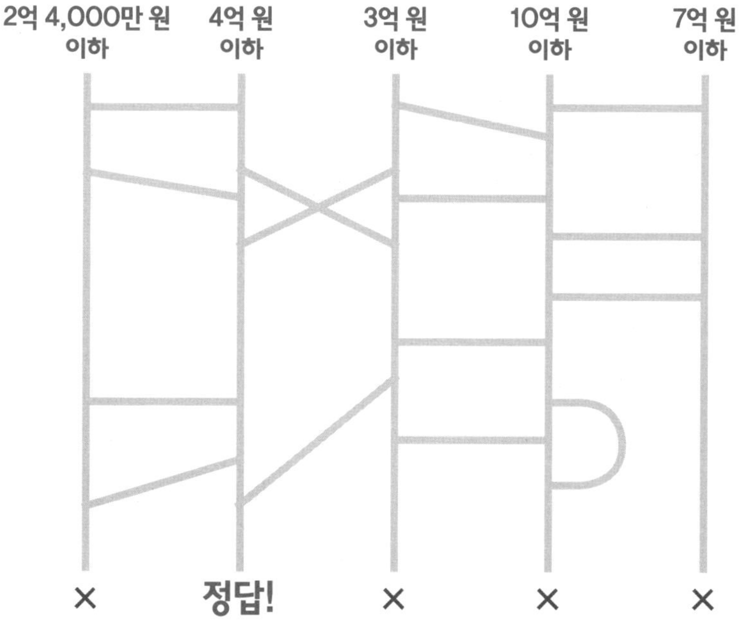

해설

환산보증금이란?

보증금과 월세를 환산한 금액으로 상가임대차법의 적용기준이 된다.
즉, 보증금+(임대료×100)의 금액이 기준을 넘지 않아야 월세상한제, 보증금 우선변제 같은 임대차보호법의 보호를 받을 수 있다.

- 보증금 1억 원에 월세 400만 원의 경우 환산보증금
  1억 원 + (400만 원×100) = 5억 원

→ 월세 9% 상한제/보증금 우선변제
  대상 아님

따라서 창업을 결정할 때 환산보증금에 대해 정확히 인지하고, 상가를 예약할 때 최우선적으로 고려해야 한다.

- 지역별 환산보증금 기준

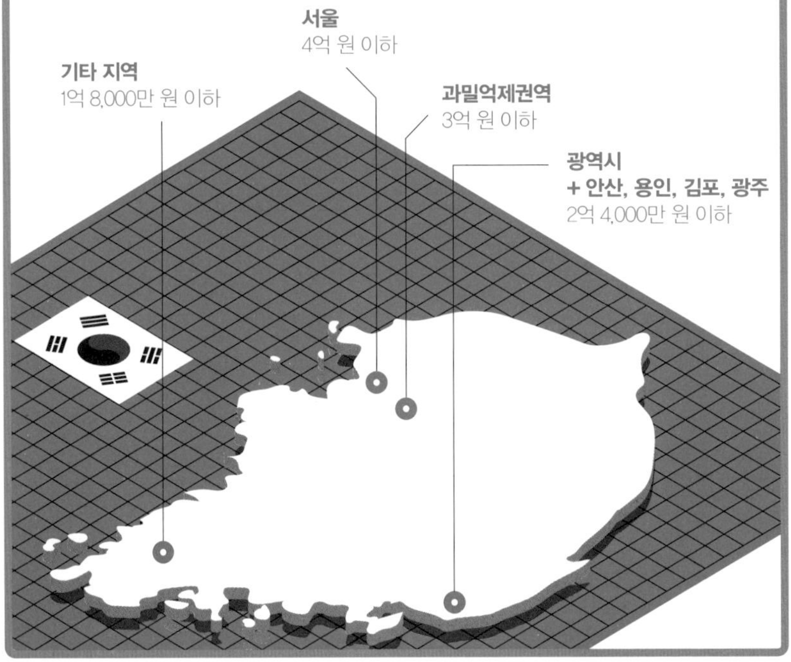

상가임대차법 보호를 받기 위해 갖춰야 할 조건

보증금 5,000만 원에 월세 350만 원. 보증금 4,000만 원에 월세 400만 원. 창업을 위해 최종 후보지로 고른 두 건물의 임차료라고 하자. 어느 쪽을 골라야 할까? 단순히 숫자로만 본다면 호주머니 상황에 따라 선택지는 달라질 것이다. 하지만 상가임대차법을 제대로 알고 있는 사람이라면 망설임 없이 한 쪽을 택할 것이다. 바로 보증금 5,000만 원, 월세 350만 원의 건물. 이유가 뭘까?

상가임대차법의 보호를 받을 수 있는 조건은 우선 두 가지다. 입주할 건물이 사업자 등록을 할 수 있는 상가여야 한다. 동창회 사무실, 종교단체 사무실 등 사업자 등록을 할 수 없는 비영리단체 건물은 이 법을 적용받지 않는다. 여기까진 당연한 얘기처럼 들린다.

중요한 건 두 번째 기준이다. 앞서 언급했듯 상가임대차법은 '약자'를 보호하기 위한 법률이다. 그래서 약자의 기준이 정해져 있다. 앞선 퀴즈의 정답인 '환산보증금' 개념이 여기서 나온다.

환산보증금이란 '보증금과 월세 환산액을 합한 금액'을 말한다. 이는 임차인이 임대인에게 지급한 보증금과 월세 이외에 자금 부담 능력이 얼마나 있는지를 추정하는 지표다. 환상보증금은 월세×100의 숫자에 보증금을 더해 계산하는데, 이 액수가 지역별로 정해놓은 금액을 넘지 않아야 상가임대차법의 적용 대상이 된다.

지역별로 살펴보면 환산보증금은 각각 서울 4억 원, 과밀억제권역(서울 제외) 3억 원, 광역시를 비롯한 경기도 안산, 용인, 김포, 광주시 2

억 4,000만 원, 기타 지역 1억 8,000만 원 등을 넘지 않아야 상가임대차 법의 보호대상이 된다. 이 조건이 충족돼야 9% 임대료 인상 제한이나 우선변제권 인정 같은 중요한 조항의 보호를 받을 수 있는 것이다. 다만 지난해 법안 개정으로 대항력 부여와 임대차 존속기간 보장 등은 환산보증금의 기준과 관계없이 모든 상가건물에 적용이 가능해졌다.

앞선 질문으로 되돌아가보자. 이제 두 후보지 중 어느 쪽을 택해야 할지, 골라야 할지 감이 오는가? 보증금 5,000만 원, 월세 350만 원의 환산보증금은 4억 원이다. 반면 보증금 4,000만 원, 월세 400만 원의 환산보증금은 4억 4,000만 원이다. 가격만 놓고 보면 비슷해 보이는 상가건물이지만 이 중 한 곳만 법의 테두리 안에서 보호를 받을 수 있는 것이다.

상가건물
임대차보호법

3-3
심화반

퀴즈로 알아보는 상가건물임대차보호법

O×퀴즈

대항력은 ▶▶ ① ▸ O/X

① 임차인이 제3자에게 자신의 임대차 계약관계를 주장할 수 있는 권리다

② ▾ O/X

② 환산보증금 기준을 충족해야 인정된다

O/X ◂ ③

③ 2015년 5월 13일 이후에 이뤄진 계약 체결/갱신의 경우 모든 세입자에게 적용된다

④ ▸ O/X

⑤ ▸ O/X

④ 등기 여부와 상관없이 건물에 입주하거나 사업자 등록만 해도 권리가 발생한다

⑤ 건물 입주나 사업자 등록 당일부터 효력이 생긴다

정답

❶번 정답 | O
❷번 정답 | × ~~환산보증금 기준을 충족해야 인정된다~~ → 모든 상가건물 세입자에게 적용된다
❸번 정답 | O
❹번 정답 | O
❺번 정답 | × ~~당일부터~~ → 다음 날로부터
❻번 정답 | × ~~효력이 사라진다~~ → 건물주가 바뀌어도 대항력은 유지된다
❼번 정답 | O

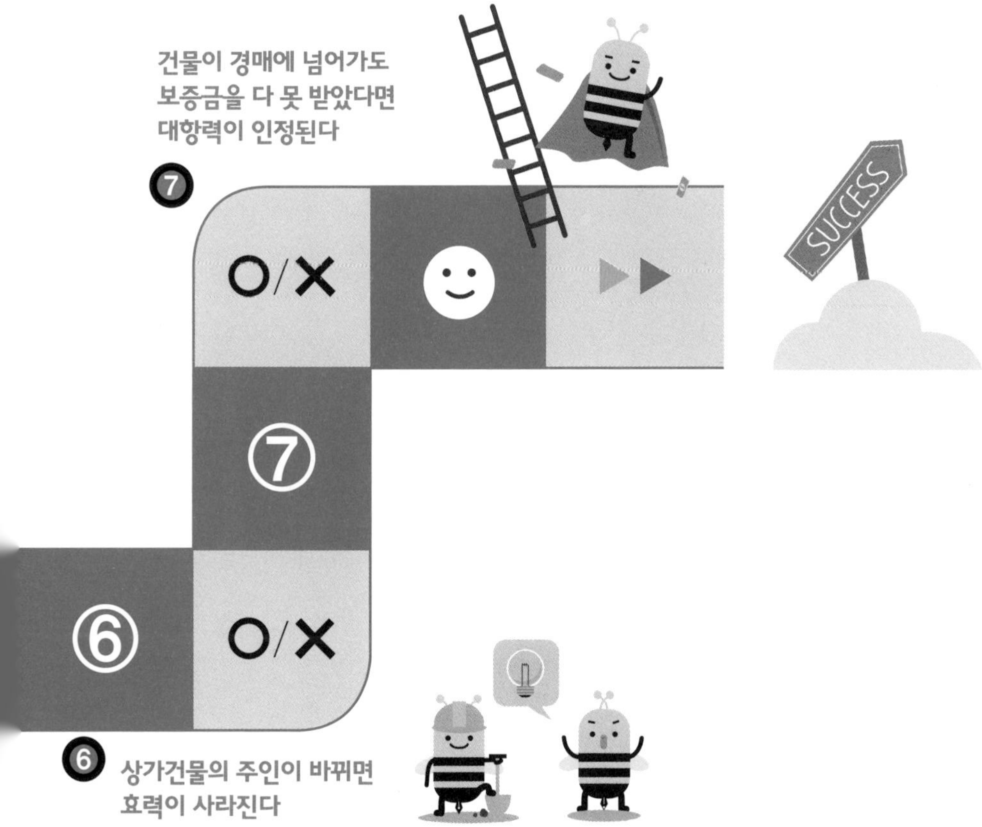

❼ 건물이 경매에 넘어가도 보증금을 다 못 받았다면 대항력이 인정된다

❻ 상가건물의 주인이 바뀌면 효력이 사라진다

임차인이 가질 수 있는 법률의 힘, '대항력'

서울 서대문구 연희동에서 빵집을 운영하던 A씨. 지금도 그날만 생각하면 분해서 잠이 오질 않는다. 약 3년 전이었다. 날이 풀리며 매출도 만개하기 시작한 봄날, 낯선 사람이 가게를 찾아왔다. 새 건물 주인이라고 자신을 소개한 그는 이달 내로 건물에서 나가줄 것을 요구했다. 목이 좋은 자리이니 본인이 직접 장사를 해야겠다는 이유에서였다.

수년간 밤잠, 아침잠 제대로 못 자며 일한 덕에 단골도 어느 정도 붙었고, '이만하면 대출금도 금세 갚고, 허리 좀 펼 수 있겠다'는 희망에 부풀었던 A씨. 그의 작은 소망은 그날로 산산조각이 났다. 환산보증금 조건을 충족하지 못했던 터라 법의 보호도 받을 수 없었다. 얼마 전 우연히 찾아간 옛 가게 자리엔 그가 운영하던 빵집과 비슷한 제과점이 노릇노릇한 빵 냄새를 풍기며 성업 중이었다. A씨의 속은 또 한 번 뒤집혔다.

3년 전 A씨에게 가장 필요했던 힘이 바로 '대항력'이다. 대항력은 제3자에게 본인이 맺은 임대차 계약의 내용을 주장할 수 있는 법률상의 권리를 말한다. 대항력은 상가건물의 옛 주인과 새 주인 등 해당 부동산에 이해관계를 갖고 있는 사람이 계약기간 중 세입자를 함부로 내쫓을 수 없게 보호해준다.

A씨에게는 안타까운 얘기지만, 모든 상가 세입자가 대항력을 갖게 된 것은 최근의 일이다. 지난 2015년 5월의 상가임대차법 개정으로 환산보증금 기준에 관계없이 모든 상가 임차인에게 대항력 규정이 적용되기 시작했다. 2015년 5월 13일 이후에 새로 계약을 했거나 기존 계약을 갱신했다면 환산보증금 조건 없이도 대항력을 행사할 수 있다.

그 전까지는 기존 상가임대차법 테두리 안에 있던 영세 세입자에게만 대항력이 주어졌었다. 당시 A씨는 보증금 5,000만 원, 월세 260만 원에 가게를 계약했다. 이를 토대로 계산해본 환산보증금은 3억 2,000만 원이다. 2013년도 서울 기준인 3억 원을 넘겨 A씨는 상가임대차법의 보호를 받을 수 없었다. 지금이었다면 A씨 이야기의 결말은 달라졌을 수 있다.

대항력은 언제부터 생기는 걸까? 대항력을 행사하는 데는 별도의 등기나 신청 절차가 필요 없다. 등기가 없어도 사업자 등록을 하고 실질적으로 건물을 인도받으면 바로 다음 날부터 법의 적용을 받는다. 만약 오늘 사업자 등록을 하고 상가에 입주를 했다면 내일 0시부터 대항력이 생긴다는 뜻이다. 다만 임대차 계약이 종료되면 자연히 대항력도 사라진다.

이때, 주의할 점이 한 가지 있다. 상가건물이 경매에 넘어가 팔리면 임차권, 즉 기존 건물주와 맺은 계약상의 권리도 소멸된다. 계약기간이 남아 있더라도 보증금을 돌려받고 가게를 빼야 할 상황이 올 수도 있다. 그래서 상가건물을 계약할 땐, 건물 융자 상황이나 근저당 액수 등을 꼼꼼히 확인해봐야 한다. 하지만 건물이 경매에 넘어가도 보증금을 전액 돌려받지 못한 경우에는 세입자의 대항력이 사라지지 않는다. 대항력이 있다는 건 보증금을 돌려받기 전까지 가게를 내줄 필요가 없다는 것을 의미하기 때문이다.

3-4 심화반

퀴즈로 알아보는 상가건물임대차보호법

연상퀴즈

Q1. 그림을 보고 연상되는 단어로 빈 칸을 채워보세요.

상가건물 세입자는 임대차 기간 만료 전 6개월부터 1개월까지 □□□□을 요구할 수 있다.

Q2. 그림을 보고 연상되는 단어로 빈 칸을 채워보세요.

상가건물 계약갱신은 전체 계약기간이 □□을 초과하지 않는 범위 내에서 가능하다.

정답

❶번 정답 | 계 약 갱 신

❷번 정답 | 오 년

❸번 정답 | 정 당, 거 절

❹번 정답 | 초 기 비 용

Q3. 그림을 보고 연상되는 단어로 빈 칸을 채워보세요.

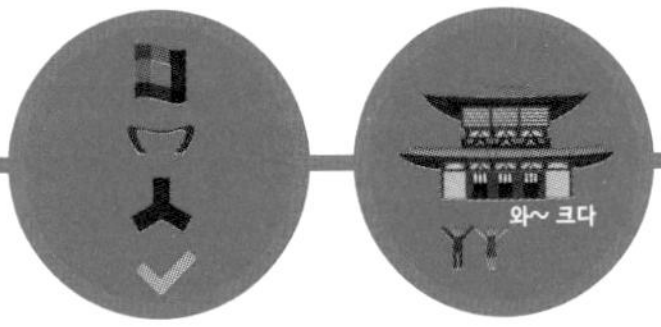

임대인은 □□ 한 사유가 없는 한 계약갱신을 □□ 할 수 없다.

Q4. 그림을 보고 연상되는 단어로 빈 칸을 채워보세요.

상가임대차법의 계약갱신 조항은 계약기간이 끝나더라도 세입자가 점포에 들인 □□□□ 을 회수할 수 있게 해준다.

헤어지자는 건물주, 떠나가지 못하는 세입자

4년 전 인수한 서울 신사동 건물에 당시 세 들어 있던 임차인과의 소송으로 세간의 입에 오르내리고 있는 유명 힙합 뮤지션 그룹 리쌍. 당시 임차인이었던 곱창가게 주인 서 씨는 권리금 2억 7,500만 원, 시설 투자금 1억 1,500만 원을 들여 장사를 하고 있었다. 서 씨는 처음 계약 당시 건물주와 2년 임대차 계약을 맺었다. 구두로는 5년간 상가를 빌리겠다고 합의한 상태였다. 서 씨는 그 구두계약을 믿고 3억 9,000만 원의 막대한 초기 비용을 지출했던 것이다.

그런데 2년 후, 건물주는 리쌍에게 상가를 팔았다. 리쌍은 애초부터 그 건물에 자기 점포를 낼 생각이었다. 계약기간이 끝난 서 씨에게 리쌍이 가게를 비워달라고 한 것은 당연한 요구였다. 원래 건물주와의 구두계약을 입증할 수 없었던 서 씨는 패소할 수밖에 없었다. 초기 비용도 회수하지 못하고 가게를 접어야 했던 것이다.

상가임대차법에는 서 씨 같은 사람들을 보호하기 위한 계약갱신 요구 조항이 있다. 이 조항은 상가임대차 관계에서 전체 기간 5년을 초과하지 않는 범위 내에서 계약갱신을 요구할 수 있도록 해준다. 정당한 사유가 없으면 임대인은 이를 거절할 수 없다.

다만 2013년 관련 법이 개정되기 전까지는 환산보증금 조건을 충족해야 적용받을 수 있었다. 위의 사례에서 서 씨가 첫 계약을 맺은 건 2010년. 당시 서 씨는 보증금 4,000만 원, 월세 300만 원에 상가를 임차했다. 환산보증금으로 환산하면 3억 4,000만 원. 현재 서울 지역 환산보증금 기준은 4억 원이지만, 당시 기준은 3억 원이었다. 즉 서 씨에겐 계약갱신을 요구할 권리가 없었던 것이다.

서 씨 같은 사례가 늘고 사회적으로 문제가 되자 2013년 8월, 환산 보증금과 상관없이 모든 상가임대차 관계에서 5년의 기간이 보장되

계약갱신이 어려운 8가지 경우

임대인은 다음 어느 하나에 해당하는 경우 임차인의 계약갱신 요구를 거절할 수 있다.

- 누적 연체금액이 임차료의 3배가 되도록 지불을 연체한 사실이 있는 경우
- 임차인이 거짓이나 부정한 방법으로 임차한 경우
- 쌍방합의하에 임대인이 임차인에게 계약갱신 거절에 대한 상당한 보상을 제공한 경우
- 임차인이 임대인의 동의 없이 상가건물의 전부 또는 일부를 재임대한 경우
- 임차인이 빌린 상가건물의 전부 또는 일부를 고의 또는 중대한 과실로 파손한 경우
- 임차한 상가건물의 전부 또는 일부가 파괴되어 임대차의 목적을 달성하지 못할 경우
- 계약 시 고지한 상가건물 재건축이나 다른 법령에 의한 철거, 재건축이 이뤄지는 경우
- 건물이 노후·훼손 또는 일부 파괴되는 등 안전사고의 우려가 있는 경우

※그 밖에 임차인이 임차인으로서의 의무를 현저히 위반하거나 임대차를 존속하기 어려운 중대한 사유가 있는 경우

도록 법이 바뀌었다. 모든 세입자들이 최초 계약체결일로부터 5년까지 임대인에게 계약을 갱신해달라고 할 수 있게 된 것이다. 다만 원래 계약기간이 만료되기 6개월 전부터 1개월 전 사이에 요구해야 한다는 것을 꼭 기억해야 한다.

물론 모든 법에는 예외가 있다. '정당한 사유'가 있다면 임대인은 계약갱신 요구를 거절할 수 있다. 상가임대차법은 크게 8가지 경우의 거절 가능 조건을 명시하고 있다.

상가건물을 임차할 때, 이 조항들을 미리 숙지해 거절 사유를 만들지 않는 것이 중요하다. 당연히 계약갱신이 될 것이라 생각하고 있다가 '웃는 게 웃는 게 아닌' 상황을 맞을 수도 있기 때문이다.

상가임대차법 제10조 제1항 제1호의 내용을 살펴보면 이런 문장이 있다. '임차인이 3기의 차임액에 해당하는 금액에 이르도록 차임을 연체한 사실이 있는 경우.' 임차인의 계약갱신 요구를 임대인이 거절할 수 있는 사유에 해당하는 조항이다. 그런데 저 문장, 참으로 모호하다.

'3기의 차임액에 이르도록 연체한다?'

간단히 해석하면 이렇다. 세입자가 임차료의 3배 금액을 연체한 사실이 있을 경우 임대인은 임차인의 계약갱신 요구를 거절할 수 있다는 뜻이다. 만약 월세 100만 원을 내는 임차인이 그 3기의 차임액, 즉 300만 원을 연체하면 저 조항에 해당한다.

연체가 연속적인 경우에만 적용되는 것도 아니다. 중간에 정상적인 월세 납부가 이뤄진 경우가 있더라도 계약기간 내 연체 누적 금액이 3기 차임액 이상이 되면 거절이 가능하다. 특히 계약갱신 요구 시점뿐만 아니라 과거 특정 시기에 연체 금액이 3기 차임액에 도달했다면 임대인이 세입자의 재계약 요구를 거부할 수 있다.

여기까지는 간단한 온라인 검색이나 법제처의 생활법령정보 시스템 등을 보면 이해할 수 있는 부분이다. 그런데 이 조항을 현실에 적용해보면 그리 간단치 않다. 실제로 국내 포털 사이트들에 올라온 질문 내용을 들여다보자.

CASE 1

월세가 80만 원이면, 세 달을 밀려서 240만 원을 연체하는 것을 말하는 것인가요? 만일, 240만 원까지 연체한 것은 아니고, 월세 내는 날보다 하루나 이틀 정도 늦게 주면 어떻게 되나요?
예를 들어 월세날이 2일인데, 깜박 잊고 3일에 준다든지 하는 것을 세 달 연속으로 하는 것도 임차인이 '3기의 차임액에 해당하는 금액에 이르도록 차임을 연체한 사실이 있는 경우'에 해당되는지요?

CASE 2

저는 계약서에 의해 임차인으로부터 보증금 1,000만 원에 월세 100만 원을 받고 있습니다. 월세 지급시기는 매월 말로 하였습니다. 그런데 지금까지 임차인이 매월 말일 계좌 입금하기로 되어 있는 월세 100만 원을

2010. 1월분: 2월 5일
2010. 2월분: 3월 10일
2010. 3월분: 4월 8일
2010. 4월분: 5월 9일
2010. 5월분: 6월 10일……

이렇게 지금까지 한 번도 월말의 제 날짜에 입금한 적이 없습니다. 이와 같은 경우도 3기의 차임액에 달하도록 차임을 연체한 사실에 해당되는지요?

두 질문은 공통적으로 '연체 금액'의 정확한 의미를 묻고 있다. 위의 문항만 놓고 보면 연체 금액의 기준이 건물주에게 임차료를 지불하지 않은 채 누적된 금액을 뜻하는지, 아니면 추후 납부를 했지만 정해진 기한을 지키지 못한 사례까지 포함되는지 알 수 없다. 즉 월세 100만 원을 내야 하는 세입자가 납부 기한을 넘어 돈을 지불한 경우가 3번 이상이라면 위 조항에 해당하는지 여부가 명확치 않은 것이다.

조항이 애매모호하다 보니 위 질문에 달린 답변도 제각각이다. 상반된 답변을 단 사례의 프로필을 살펴보면 법조인도, 공인중개협회 소속 교수도 있다. 관련 전문가들 사이에서도 해당 조항의 해석이 엇갈린다는 의미다.

1. 3기의 차임을 연체한 것이 맞습니다.
2. 연체한 "사실이 있는 경우"라고 되어 있습니다.
제때에 내본 적이 없어서 1월, 2월, 3월로만 봐도 3번의 연체가 있었습니다. 현재는 다 지불했는지 몰라도 제 날짜에 지불한 적이 없어서 이미 3기의 차임을 연체한 것입니다.

1. 표현을 잘 보시면 연체한 "사실이 있는 경우"입니다.
현재 다 지불을 했거나 하루 이틀 늦었다고 해도 **연체한 것**이 맞습니다.
대출 이자의 경우 하루, 이틀만 늦게 내도 이자를 내야 할 것입니다. 그것과 같습니다. 늦어도 월세 내는 날에 지불을 하지 않았다면 연체에 해당됩니다.

상임법에서는 "임차인이 3기의 차임액에 **달하도록** 차임을 연체한 사실이 있는 경우"라고 되어 있습니다. 여기서 '달하도록'이란 문구의 해석에서 많은 분들이 혼동을 하는 것 같습니다. '3기에 달하도록'이란, 연속적이지는 않아도 누적적으로 3개월 연체가 되어야 한다는 것입니다. 위의 사례로서는 **3기에 달하는 연체에 해당이 안 됩니다**. 100만 원씩 세 달치를 연체하던지, 한 달에 50만 원씩만 보내 6개월치 누적분의 합산금액이 300만 원에 이르도록 연체해야 계약갱신 거절이 가능한 것입니다.

법의 해석을 관장하는 기관에 직접 물어봤다. 법무부는 납기일을 어겼을지라도 지불이 완료된 금액은 '연체액'에 해당하지 않는다고 해석했다.

"어느 시점에 건물주에게 지불하지 않아 누적된 금액이 3기 차임액에 달해야만 계약갱신 거절 사유에 해당한다." (법무심의관실 법무관)

조항의 해석이 갈리는 문제에서도 정부는 해당 법조문 자체가 일반적 규정을 따르고 있기 때문에 큰 문제가 없다는 입장이다. "(위 조항의) 해석은 구체화할 수 있는 부분이 있기 때문에 '어느 정도의' 명확성을 갖추고 있다."(상가임대차법 담당 검사)

하지만 또 다른 사법 관계 기관의 말은 약간 다르다. 대한법률구조공단에 문의를 해 얻은 답변은 이렇다. "가능성이 많진 않지만, 엄격하게 해석할 경우 납기일을 어겨 지불한 차임도 연체로 볼 여지는 있다."

결국 정확한 답은 이 문항과 관련해 법적 분쟁이 생기고, 그 판례가 나와 봐야 알 수 있다는 게 관계 당국의 공통된 결론이었다.

이에 대해 한 법무법인의 변호사는 "명확한 판례가 존재하지 않고, 표현이 모호하기 때문에 무엇이 정답이라고 단언할 수 없다"며 "추후에 분쟁으로 번질 수 있는 소지가 있다"고 말했다.

임대료 증감 청구권

'젠트리피케이션Gentrification'이라는 말, 한 번쯤 들어봤을 터다. 예술가와 자영업자 등이 일궈놓은 독창적인 상권을 이후에 건물주나 대규모 프랜차이즈가 잠식해가는 현상을 뜻한다. 앞서 살펴봤듯 상가임대차법이 모든 세입자에게 5년의 임대차 기간을 보장해주는데, 왜 이런 현상이 빈번히 일어나는 걸까?

서울 이태원 경리단길, 홍대 앞, 서촌 한옥마을 등은 젠트리피케이션 현상의 대표적인 지역으로 꼽히는 곳들이다. 2015년 11월 서울시 조사 결과, 경리단길 상가 임차료는 10년 사이 최대 6.5배까지 치솟았다. 서촌 한옥마을의 3.3㎡당 매매가는 5년 사이 2배 가까이 상승했다. 이렇게 높아진 땅값을 견디지 못한 자영업자들이 결국 자기 가게를 처분하거나 기존 건물주, 혹은 대규모 프랜차이즈에게 빼앗기는 사례가 잦아지면서 젠트리피케이션 현상이 사회 문제로 대두되기도 했다.

상가임대차법에는 보증금·차임 증감 청구권 조항이 있다. 건물주는 세금이나 공과금, 경제 사정, 주변 시세 등을 고려해 보증금이나 월세를 올리고 내릴 수 있다. 계약 또는 임차료 인상 후 1년이 지나거나 계약갱신 시 청구가 가능하다. 기존 계약이 끝나지 않았어도 임차료를 올릴 수 있다는 뜻이다.

상가임대차법은 건물주의 무리한 임차료 인상을 방지하기 위해 증액 상한제도를 두고 있다. 기존 보증금이나 월세의 9% 범위까지만 임차료를 증액할 수 있다. 예를 들어 월세가 100만 원인 상가의 경우, 다음엔 109만 원까지만 금액을 올려 받을 수 있는 것이다.

문제는 모든 세입자가 보호를 받을 수 있는 게 아니라는 점이다. 앞서 환산보증금을 설명할 때 언급했듯, 상가임대차법에는 환산보증금 조건이 있다. 환산보증금 기준을 초과하는 상가건물에 대해선 증액 상한제를 적용할 수 없다. 건물주가 보증금을 터무니없이 올려달라고 해 어쩔 수 없이 가게를 옮겼다는 얘기들이 심심찮게 들려오는 이유다.

2015년 8월 서울시가 서울 지역 5,035개 상가를 대상으로 조사한 결과에 따르면, 환산보증금 4억 원을 초과하는 상가는 총 1,125호로 전체의 22.3%를 차지한다. 특히 강남에 위치한 상가는 45.1%가 환산보증금 4억 원을 넘겨 법의 보호를 받지 못하고 있다. 즉 이들 상가들은 증액 상한제가 적용되지 않아 건물주가 원하는 대로 임차료를 올려줘야 하는 셈이다.

상황이 이렇다 보니 아무리 임대차 계약기간이 보장된다 한들 임대인이 임차료를 감당할 수 없을 만큼 인상해버리면 세입자로선 버틸 재간이 없다. 계약기간이 남아 있어도 치솟는 보증금과 월세를 감당하지 못해 울며 겨자 먹기 식으로 가게를 비울 수밖에 없는 것이다. 임차인을 보호하기 위한 상가임대차법이 '있으나 마나 한 법', '반쪽짜리 법'이라는 비판이 나오는 이유가 여기에 있다.

권리금에 발목 잡히지 않기 위한 방법

권리금은 앞서 가게를 운영한 사람이 쌓은 '눈에 보이지 않는 경영적 가치들', 예컨대 단골손님이나 점포의 목 등에 지불하는 돈을 말한다. 상가를 빌리는 사람이 앞서 빌렸던 사람에게 내는 관행상의 금전이었으나 2015년 관련 법 개정으로 법적 지위가 처음 인정됐다.

2016년 5월 정부가 내놓은 「권리금 현황조사」 자료를 보면 서울과 6대 광역시(부산·대구·인천·대전·광주·울산)에 위치한 상가 가운데 70.3%에 권리금이 붙어 있고, 그 금액은 가게당 평균 4,574만 원에 달한다.

그런데 이 돈이 지금껏 '관행상 금전'으로 인식되다 보니 이를 둘러싸고 애매한 지경에 빠지는 사례가 많다. 이 모호한 돈, '권리금'에 발목 잡히지 않기 위한 방법을 알아보자.

① 권리금의 종류와 특성을 정확히 이해하라

권리금은 크게 다음의 4가지로 나뉜다.

a.바닥권리금

바닥권리금은 점포 위치나 상권 등 장소적 이익을 토대로 형성되는 대가다. 이른바 목이 좋다고 여겨지는 상가에 바닥권리금이 붙게 된다. 만약 입지적 여건이 좋은 경우가 아니라면 굳이 이 금액을 지불하면서까지 상가를 임차할 이유가 없다.

b.시설권리금

영업시설이나 비품처럼 '형태가 있는 자산'에 지불하는 대가를 시설권리금이라고 한다. 옛 세입자가 쓰던 시설이나 장비를 새 임차인이 양도받는 경우에 붙는 금액을 말한다. 주의할 것은 시설권리금이 소모적 성격을 띠고 있다는 점이다. 인테리어는 시간이 지나면 낡기 마련이고, 사업 장비들 역시 오래되면 성능이 떨어진다. 경제 용어로 '감가상각'이 이뤄지는 것이다. 따라서 시설권리금은 감가상각을 고려해 인수금액을 책정해야 한다.

c.영업권리금

해당 상가에서 특정 사업을 오랫동안 지속하면서 쌓아온 인지도나 단골 손님 등에 매겨진 가치다. 이 밖에 새 임차인에게 전해줄 수 있는 영업 노하우나 거래처, 신용 등도 영업권리금에 포함될 수 있다. 영업권리금은 '무형의 자산'이기 때문에 책정하기 가장 까다로운 권리금이기도 하다.

d.이익권리금

이익권리금은 미래에 창출될 이익을 기준으로 상정되는 대가다. 통상 영업권리금과 이익권리금을 분리하지 않는 경향이 있었지만 정부가 권리금에 관한 법을 정비하면서 새롭게 구분된 권리금이다. 보통 매월 발생하는 순이익을 기준으로 6개월이나 1년분을 계산해 책정한다.

② 정확한 데이터를 기반으로 권리금을 책정하라

초보 세입자들은 보통 기존 임차인이 뭉뚱그려 말하는 매출 등을 따로 확인하지 않는다. 달라는 대로 권리금을 지불하는 실수를 하기도 한다.

권리금을 정확히 책정하려면 믿을 만한 데이터를 먼저 수집해야 한다. 막연하게 6개월, 12개월분의 매출이나 순이익을 계산하는 것이 아니라 현재의 순이익은 얼마이며, 이 금액을 달성하는 데 몇 개월이 걸리는지 등을 꼼꼼히 따져봐야 하는 것이다.

시설권리금의 경우에는 시설을 물려받지 않고 새로 갖출 경우의 지출액과 기존 시설을 그대로 이용할 경우 얼마나 더 사용할 수 있을지 등을 다각도로 고려해 인수금액을 책정하는 게 바람직하다. 통상적으로 3~5년 정도가 지나면 해당 시설의 가치를 0원으로 본다. 이를 고려해 시설권리금을 정해야 한다. 아울러 바닥권리금은 주변 점포의 임대 시세를 고려해 협상하는 게 좋다.

③ 권리금 계약서를 반드시 써라

2016년 5월 개정된 상가임대차법은 표준 권리금 계약서 사용을 권장하고 있다. 계약서에는 권리금액과 임대차 계약 현황, 권리금의 대가로 받아야 할 대상의 범위를 기재할 수 있다.

또 권리금계약 체결 이후 임대차 계약이 체결되지 않으면 권리금 계약이 무효가 된다는 식의 내용을 넣어둬야 한다. 가장 확실하게 권리금을 보호받을 수 있는 방법은 관련 계약서를 작성하는 것이다.

④ 권리금이 높다고 장사가 잘되는 것도, 낮다고 좋은 것도 아니다

많은 임차인들이 권리금이 비싸면 목이 좋은 자리라고 판단한다. 그러나 권리금이 법적으로 인정된 지 1년도 채 되지 않은 상황에서, 상가의 실제 가치보다 과도하게 책정된 권리금이 관행적으로 유지된 경우도 비일비재하다. 특히 대형 프랜차이즈가 입점한 상가의 경우 권리금이 천정부지로 치솟는 일이 많은데, 프랜차이즈는 사업의 보증수표가 될 수 없다는 점을 염두에 둬야 한다.

권리금이 존재하지 않거나 유난히 낮은 경우도 주의해야 한다. 초기 비용이 덜 든다고 방심했다가는 재개발 등 예상치 못한 상황으로 사업에 타격을 입을 수 있다. 권리금이 낮은 데는 다 이유가 있는 법이다.

⑤ 임차료를 절대 연체하지 마라

2015년 개정된 상가임대차법에는 임대인이 임차인의 권리금 회수에 협력하지 않을 경우 손해배상을 청구할 수 있다는 조항이 있다. 하지만 모든 법에는 예외가 있기 마련. 앞서 말한 대로 상가임대차법에 따르면, 몇 가지 정당한 사유가 있는 경우에는 임대인이 임차인의 계약갱신 요구를 거절할 수 있다. 계약갱신 요구를 거절할 수 있는 8가지 조건 중 어느 하나에라도 해당된다면 임차인은 권리금 회수 기회를 보호받지 못한다.

그중 가장 해당되기 쉬운 조항이 '3기의 차임액에 이르도록 연체한 사실이 있는 경우'다. 임대인이 권리금 회수를 방해했다 하더라도 석 달간 월세를 연체한다면 상가임대차법의 보호를 받을 수 없는 것이다. 임차료 입금일을 잊지 않고 꼬박꼬박 지불해야 권리금이 보다 확실히 보호된다.

'사각지대'가 더 많은 권리금 보호법

2015년 이뤄진 상가임대차법 개정은 용산 참사 6주기와 맞물려 그 논의가 시작됐다. 용산 참사 희생자들처럼 재개발 여파로 강제퇴거를 당하고 권리금을 뺏기는 상가 세입자들이 더 생기지 않게 하기 위해서였다. 결국 관련 법 개정으로 임대인이 임차인의 권리금 회수 기회를 방해할 경우 임차인은 손해배상 청구를 할 수 있게 됐다. 환산보증금 기준과 관계없이 모든 세입자가 이 조항의 보호를 받을 수 있다.

그러나 용산 참사 후 7년이 지났고, 법 개정 1년을 맞은 2016년에도

권리금 보호법의 사각지대

여전히 대부분의 세입자들은 자기 '권리'를 제대로 회수할 수 있는 기회를 박탈당하고 있다. 개정안으로 권리금 회수 기회를 보호받을 수 있는 세입자가 전체의 2%에 불과하다고 보는 전문가도 있을 정도다.

법안의 모호한 표현, 악용될 수 있는 예외 조항, 적용 제외대상의 기준 등 때문에 권리금을 제대로 회수하지 못하는 사례가 비일비재하다. 이 때문에 법의 '보호지대'보다 '사각지대'가 더 크다는 말까지 나오는 형편이다. 사례를 통해 상가임대차법 개정안이 보호해주지 못하고 있는 권리금 회수의 사각지대를 알아보자.

CASE 1

건물주가 재건축을 한다며 계약기간이 끝나면 무조건 나가라고 합니다. 다음 세입자를 찾을 수 없으니 권리금도 못 받고 쫓겨날 것 같습니다. 이런 경우 임대인에게 권리금 손해배상 청구를 할 수 있나요?

권리금 회수 기회 보호 조항에는 예외가 있다. 건물을 재건축하거나 상가가 재개발 지역에 포함될 경우에는 임대인이 권리금 회수를 보장해줄 필요가 없다. 건물주가 재건축을 하고자 할 때는 다음의 요건만 충족하면 된다. 계약 체결 시 재건축에 대한 사항을 미리 고지한 경우, 건물이 노후·훼손 또는 파괴돼 안전사고의 우려가 있는 경우, 다른 법령에 따라 철거나 재건축이 이뤄지는 경우. 여기에 해당한다면 임차인이 권리금에 대한 손해배상을 청구할 수 없는 것이다.

처음 계약을 할 때부터 재건축이 예정된 사실을 인지하고 있거나 법령에 따라 재건축이 이뤄지는 경우라면 세입자가 '어쩔 수 없이' 권리금 회수를 하지 못하는 상황이다. 논란이 되는 부분은 '건물이 노후·훼손돼 안전사고의 우려가 있는 경우'이다. '노후와 훼손 그리고 안전사고'라는 표현이 해석하기 나름이라서 실제로 이를 악용하는 임대인이 많다. 건물이 오래돼 재건축을 하겠으니 상가를 비우라고 해놓고, 다른 임차인을 들여 권리금을 받아 챙기거나 임차료를 올려 받는 것이다. 본인이 직접 가게를 운영하기도 한다.

현행법 아래에선 이런 상황에 대해 임차인이 손해배상 청구를 한다 한들 돈을 받아낼 가능성이 낮다. 실제 건물의 재건축·재개발로 권리금을 받지 못하는 경우가 전체 권리금 분쟁 사례의 3분의 1가량을 차지한다. 재건축 요건에 대해 더 구체적으로 명시하고 차후 임대인이 재건축을 하지 않을 경우 이에 대한 책임을 지도록 하는 등의 보완이 필요한 이유다.

CASE 2

광장시장에서 식당을 운영하고 있습니다. 개인적인 사정으로 가게를 다른 사람에게 넘기려고 하는데 임대인이 이유 없이 계약을 거부합니다. 권리금 협상도 끝난 상황이라 계약만 하면 되는데 답답합니다. 제 권리금 돌려받을 수 있을까요?

상가임대차법은 전체 면적 3,000m^2 이상 대규모 점포의 권리금 회수 기회를 보호해주지 않는다. 대규모 점포를 적용대상에 포함시킬 것인지에 대해 국회 법제사법위원회(이하 '법사위')에서 막판까지 논란이 있었지만 결국 제외됐다. 백화점, 마트 등의 대형 쇼핑몰은 사업자가 수시로 매장구조 등을 변경할 수 있어야 한다는 점 때문에 권리금 보장 대상에서 제외된 것. 하지만 법사위의 보류 결정엔 백화점, 쇼핑몰의 건물주인 대기업의 로비 및 압력이 작용했을 것이란 분석이 나온다.

더 큰 문제는 이 제외 조항이 전통시장에도 적용된다는 점이다. 서울의 광장시장, 국제시장 등 규모가 큰 200여 개 전통시장 안에 입점한 가게들은 권리금 회수를 보장받을 수 없다. 중기청의 권리금 실태조사에 따르면 2013년 말 기준 전국 전통시장 232곳에서 영업하는 점포 수는 7만 8,321개. 이 곳에 있는 가게 중 무려 4만 9,733곳(63.5%)이 권리금 회수의 보호 범위에서 제외돼 있다. 전통시장 점포의 권리금은 평균 1,881만 원. 전통시장 내 임차료 평균(75만 5,000원)의 무려 25배에 달하는 수치다.

CASE 3

가게를 옮기려고 건물주에게 계약이 끝나면 나가겠다고 했습니다. 새 임차인과 권리금 협상도 마쳤습니다. 그런데 건물주가 신규 임차인을 소개해준 것은 본인이라며 권리금 협상을 하면 안 된다고 합니다. 본인은 협조를 하지 않겠다는데, 이게 무슨 말인가요?

많은 임차인들이 인식하지 못하고 있는 사실이 있다. 권리금 회수 기회 보호 조항은 임차인이 '직접' 신규 임차인을 구했을 경우에만 해당된다. '임대인'이 고른 신규 임차인과 기존 임차인이 체결한 권리금 계약에 대해 임대인은 이의를 제기할 수 있다. 해당 계약을 거부하는 등 권리금 회수를 보장해주지 않아도 된다. 혹은 임대인과 신규 임차인이 말을 맞춰 '권리금을 줄 수 없다'고 하면 기존 임차인은 권리금을 떼일 상황에 놓일 수도 있다.

문제는 임차인이 직접 새 임차인을 구하기가 쉽지 않다는 점이다. 상가 임차에 관심이 있는 사업자들은 보통 건물주에게 연락을 취하게 되고, 건물주가 기존 임차인에게 신규 임차인을 소개하는 게 일반적이다. 이런 경우 추후에 임대인이 본인이 소개한 신규 임차인이라고 주장하며 권리금 계약 사항을 문제 삼으면 상황이 복잡해진다. 현재까지 명확한 판례도 없다. 이에 대해 한 법무법인의 변호사는 "임대인이 데려온 신규 임차인과 기존 임차인 간에 권리금 계약이 이뤄지고 그 권리금이 '지급 완료'된 경우, 임대인이 신규 임차인과 계약 체결을 거절하는 행위가 가능한 것으로 판단된다"고 말했다. 권리금을 확실하게 보호받으려면 임차인이 발품을 팔아서

든 공인중개사를 통하든 '직접' 새 임차인을 구하는 수밖에 없는 것이다.

이처럼 상가임대차법은 허점이 많다. 악용될 소지도 다분하다. 임차인들이 억울한 피해를 입지 않도록 하루빨리 법을 보완해야 할 것이다. 다만 개정이 논의되고, 나아가 입법이 완료되기까지는 많은 시간이 소요된다. 더욱이 상가임대차법 개정안의 국회 논의는 지금으로선 요원해 보인다. 그 전에 권리금을 떼이는 경험을 하고 싶지 않다면 먼저 법을 잘 알아두고 이에 맞게 대응하는 수밖에 없다.

내 보증금을 지키는 방법, '우선변제권'

임차 자영업자들이 겪을 수 있는 최악의 일 가운데 하나가 상가 보증금을 떼이는 일이다. 사업 초기의 가장 큰 지출 비용이자 사업 밑천인 보증금을 잃게 되면 사업이 순식간에 휘청일 수 있다. 제일 억울한 상황은 상가건물이 경매나 공매에 넘어가 보증금을 돌려받지 못할 때다. 합법적으로 잃은 돈이니 소송을 걸 수도 없으니 말이다.

상가임대차법에는 이런 상황에서 임차인의 보증금을 보호하기 위해 임차인에게 '우선변제권'을 부여해준다. 앞서 설명한 환산보증금 기준을 충족해 법률 보호의 대상이 되면 후순위 채권자보다 먼저 보증금을 보호받을 수 있다. 환산보증금이 '소액 보증금' 기준을 충족하면 최우선변제도 가능하다. 채권자 가운데 가장 먼저 보증금의 일정

우선변제권

상가가 경매나 공매에 넘어가면 후순위 채권자보다 먼저 보증금을 변제받을 수 있는 권리

요건

건물 인도 / 사업자 등록 / 확정일자

환산보증금 기준

서울	4억 원 이하
과밀억제권역	3억 원 이하
광역시	2억 4,000만 원 이하
기타 지역	1억 8,000만 원 이하

변제 금액

보증금 전액

최우선변제권

소액 임차인이 최우선으로 보증금을 변제받을 권리

요건

건물 인도 / 사업자 등록 / 소액 보증금

환산보증금 기준

서울	6,500만 원 이하
과밀억제권역	5,500만 원 이하
광역시	3,800만 원 이하
기타 지역	3,000만 원 이하

변제 금액

서울	2,200만 원까지
과밀억제권역	1,900만 원까지
광역시	1,300만 원까지
기타 지역	1,000만 원까지

변제 범위

상가건물가액 1/2 이내

금액을 변제받을 수 있다는 의미다.

다만 가만히 손 놓고 앉아 있어도 법이 알아서 보호를 해주는 건 아니다. '내 보증금을 지킬 수 있는 방법'을 알아보자.

① 최대한 빨리 확정일자를 받아라

주택 임대차 계약을 한 후 가장 먼저 해야 할 일은 전입신고와 확정일자를 받는 것이다. 상가도 마찬가지다.

우선변제권을 획득하려면 3가지 요건을 충족해야 한다. 임차한 상가건물에 대한 대항력을 얻기 위한 '건물 인도'와 '사업자 등록', 그리고 '확정일자'. 건물을 인도받고 사업자 등록을 하는 일은 합법적인 사업자라면 당연히 해야 할 절차이기 때문에 굳이 따로 챙길 필요가 없다. 반면 확정일자는 중요성을 깨닫지 못하고 신청을 하지 않거나 차일피일 미루는 세입자들이 많다. 확정일자를 받아두지 않으면 우선변제권의 효력이 생기지 않는다. 반드시 사업자 등록과 동시에 확정일자를 받아두는 게 좋다.

② 보증금을 받기 전에 폐업 신고를 하지 마라

상가건물이 경매에 넘어가 사업을 접게 되면 세금과 보험료 문제 때문에 폐업 신고를 서두르는 임차인들이 많다. 문제는 폐업 신고와 동시에 사업자 등록도 말소된다는 점이다. 앞서 언급한 우선변제권의 3가지 요건(건물 인도, 사업자 등록, 확정일자)은 상가건물이 경매 절차에 들어갈 때까지 반드시 유지돼야 한다. 결국 폐업 신고로 사업자 등록이 말소되면 보증금을 돌려받지 못할 가능성이 크다는 점을 유의해야 한다.

③ 보증금을 보호받는 계약을 하라

상가임대차법에는 소액 임차인을 위한 '최우선변제권' 조항이 있다. 보증금에 '임차료×100'을 더한 금액이 소액 보증금 기준을 넘지 않으면 최우선변제권을 갖게 된다. 소액 보증금 기준은 서울특별시 6,500만 원 이하, 수도권 과밀억제권역 5,500만 원 이하, 광역시와 안산·용인·김포·광주시 3,800만 원 이하, 기타 지역 3,000만 원 이하이다. 예를 들어 서울 지역의 A 세입자가 보증금 500만 원, 임차료 60만 원을 지급하고 있다면 소액 보증금 기준을 충족해 가장 먼저 보증금을 변제받을 수 있는 권리를 보장받게 되는 것이다. 다만 이 경우에도 변제받을 수 있는 금액엔 제한이 있다. 경매·공매 시 상가건물가액의 절반 한도 내에서 서울은 최대 2,200만 원까지이며 과밀억제권역과 광역시, 기타 지역은 각각 1,900만 원, 1,300만 원, 1,000만 원까지 변제를 받을 수 있다.

상가 계약 시 소액 보증금 규정을 넘지 않도록 보증금과 임차료를 산정해야 보증금의 일부나마 합법적으로 되돌려 받을 수 있다는 점을 명심해야 한다.

지금까지 창업을 준비하는 사람들에게 필요한 지식을 입문, 기초, 심화반으로 나눠 다뤄봤다. 이런 기초 지식도 중요하지만 창업에서 가장 필요한 자세는 역시 발로 뛰면서 실제 현장에서 부딪혀보는 것이다.

지금부터는 자신만의 업業을 찾아 실제로 발로 뛰는 사람들을 만나 그들의 '살아 숨 쉬는' 창업 이야기를 들어보자.

상가건물
임대차보호법

TIP

③

건물주에게 뒤통수 안 맞는 상가 계약 팁 5가지

'임대인(이하 '갑')과 임차인(이하 '을')은 아래와 같이 임대차 계약을 체결한다.' 임대차 계약서의 첫 문구는 보통 이렇다. 최근 '갑질 논란'이 사회 문제로 대두되면서 이 같은 표현이 점점 사라지는 추세이긴 하나 건물주와 세입자가 '갑을 관계'인 건 엄연한 사실이다.

현실은 계약서에 새겨진 글씨보다 훨씬 냉혹하다. 건물주의 횡포에 피눈물을 토하는 세입자들의 사연이 지천에 넘쳐 난다. 울며 겨자 먹기로 손해를 감수해야 하는 '을'이 되고 싶지 않다면, 이 5가지는 계약 전에 꼭 확인해둘 필요가 있다.

1. 건물주와 친한 공인중개사를 피하라

공인중개사는 임대인과 임차인의 이해관계를 조율하는 데 가장 큰 역할을 하는 사람이다. 그런데 건물주와 유독 친분이 두터운 공인중개사라면 협상을 할 때 세입자가 불리한 위치에 놓일 수 있다. 혹 의견 조율이 잘돼 계약이 성사됐다 할지라도 나중에 문제가 생길 경우 해당 공인중개사는 임대인의 편에 설 가능성이 있다. 중개사가 건물주를 만났을 때 어떤 태도를 보이는지 잘 관찰해볼 필요가 있다.

2. 건물주의 평판을 확인하라

임차인들이 쉽게 간과하는 부분이지만 건물주의 성격은 매우 중요하다. 건물주가 최근 임대료 인상을 얼마나 했는지, 성격은 어떤지, 다른 빚이 많진 않은지 부동산 등을 통해 확인해봐야 한다. 최악의 임대인을 만날 경우 초기 투자비용 및 권리금을 몽땅 포기한 채 가게를 비워줘야 할 상황이 올 수도 있다. 조금 과하게 말하면 건물주의 성격에 당신의 생계가 걸려 있다 해도 무방할 정도다. 가능하다면 임대인의 가족 관계를 미리 파악해놓는 것도 좋다. 생업이 없는 배우자나 자녀가 있는 경우 어렵게 터를 잡은 당신의 점포를 탐내는 상황이 올 수도 있다.

3. 임대차 상승률을 미리 정해둬라

상가건물임대차보호법의 테두리 안에 들어가는 상가의 경우 임대차 상승률이 9%로 제한돼 있다. 그러나 환산보증금 기준을 충족하지 못하는 경우에는 임대인이 임차료를 제한 없이 올릴 수 있다. 터무니없는 금액을 지불해야 하거나 이를 감당치 못해 상가에서 쫓겨날 상황이 오지 말란 법이 없다. 이를 미연에 방지하기 위해서는 계약할 때 인상 가능 기간과 상승률을 꼭 정해두는 것이 좋다.

4. 계약서에 구체적인 숫자를 넣어라

'임대료 상승률은 시세, 물가 상승 등을 반영해 일정 시기에 연 8%에서 24%의 범위 내에서 협의해 정한다.' 만약 계약서에 이 조항을 삽입했다면 '건물주가 원할 때 임대료를 24% 올린다'고 쓴 것이나 다름없다. '1년마다 3% 상승', '5년 후부터 연 10% 상승' 등 숫자를 구체적으로, 가급적 명확하게 정해두는 게 좋다.

5. '협의'가 아닌 '합의'를 하라

'협의'와 '합의'는 언뜻 비슷해 보이지만 계약서상에선 전혀 다른 단어다. 예를 들어 보면 임대인이 일방적으로 임차료 인상을 통보하고 임차인은 반대의 뜻을 표시했다. 계약서에 '협의해 정한다'고 적혀 있다면 임대인의 일방적 통보가 정당한 인상으로 해석된다. 어쨌든 이야기가 오간 건, 다시 말해 협의가 된 건 사실이니까. 반면 '합의'는 건물주와 세입자 모두 동의한 사항에서만 효력이 발생한다. '합의 후 결정한다'라고 계약서에 명시했다면 임차인이 반대하는 임차료 인상은 할 수 없게 된다.

TIP

④

돈 아끼는 상가 계약 팁 5가지

우리는 살면서 수많은 계약서에 사인을 한다. 이름 석 자에 적게는 수십만 원, 많으면 수억 원이 오간다. 모든 계약이 다 그렇겠지만, 상가 임대차 계약의 경우 사인의 무게가 특히나 무겁다. 계약서를 어떻게 썼는지에 따라 수천만 원의 손해를 볼 수도, 혹은 이득을 볼 수도 있기 때문이다. 한 푼이 아쉬운 사업 초기, 돈 아끼는 계약서에 사인을 하고 싶다면 아래의 5가지 팁을 알아두기 바란다.

1. 건축물 용도를 확인하라

건축법에 따르면 모든 건물은 용도가 있고, 그 용도에 맞게 공간을 사용해야 한다. 만약 계약한 건물 용도가 내 가게 용도와 다르면 용도 변경을 해야 한다. 용도에 따라 소방·하수도·환기·주차장 시설 기준 등이 다르므로 용도를 변경해야 한다면 상당한 추가 비용이 들 수 있다. 상가 계약 시 미리 용도를 확인하고 용도 변경이 필요한 경우 계약서에 관련 사항을 구체적으로 넣어둬야 한다. 용도 변경에 따른 비용 부담을 어떻게 할지를 비롯해 임차료 산정이나 잔금 지급 시기 등도 용도 변경 사항을 고려해 계약서에 명시하고, 계약 만료 시 원상회복을 해야 하는지 여부도 미리 정해두는 것이 좋다.

2. 동종·유사 업종 입점 금지를 약속받아라

개업 한 달 만에 같은 상가건물에 비슷한 가게가 들어선다고 상상해보자. 매출은 반토막이 났는데, 상대 점포는 계속 서비스 가격을 내린다. 건물주에게 가서 따져봐도 되돌아오는 건 “나완 상관없는 일”이란 말뿐이다. 임대인은 임대료만 받아 챙기면 되는 입장이니 임차인의 생계 사정을 잘 신경 쓰지 않는다. 이런 끔찍한 상황을 맞고 싶지 않다면 계약서에 이를 막을 확실한 장치를 마련해둬야 한다. '같은 건물에 동종 및 유사 업종 입점 금지' 등의 내용을 특약 사항에 박아놓는 게 확실한 방법이다. 가능하다면 동종·유사 업종에 대한 기준도 구체적으로 정해놓는 것이 좋다.

3. 주차장에 관한 사항을 미리 약정하라

요즘처럼 주차가 힘든 시대에는 주차장에 대한 요구가 까다로운 손님이 많다. 주차장 여부에 따라 점포의 성패가 갈릴 정도다. 따라서 계약을 체결할 때 주차장에 관한 사항도 필수적으로 확인해야 한다. 주차장에 주차할 수 있는 차량의 수와 유료 사용 문제, 관리 비용 등을 계약 시 구체적으로 정하는 것이 좋다. 또한 주차장 면적과 주차장으로 가는 통로 등을 그대로 유지해줄 것을 약속받는 것도 미래에 있을 수 있는 당황스러운 상황을 예방하는 방법이다.

4. 복층 면적을 임차료 산정에서 제외하라

계약하고자 하는 건물에 '복층 형태'의 공간이 있다면 합법적인 것인지 확인해야 한다. 복층 구조는 관할 관청의 허가가 반드시 필요한데 그 기준이 까다로워 대부분 불법으로 구조물을 유지하고 있기 때문이다. 만약에 제대로 신고가 되지 않은 복층 공간이 상가 안에 있다면 이를 임차료 산정에서 제외해야 한다. 아울러 향후 있을지 모를 단속에 벌금을 물거나 철거를 해야 하는 상황에 봉착할 수 있는데 이와 관련해서도 계약서에 관련 사항을 미리 합의해두는 게 좋다.

5. 공사기간 동안 임차료를 면제받아라

기존 점포를 그대로 인수하는 게 아니라면 인테리어 공사 등 시설 변경에 따른 시간이 상당 기간 필요하다. 이 시간 동안에는 영업을 할 수 없기 때문에 임차료를 내기 부담스럽지만 대부분의 임차인들은 이를 어쩔 수 없는 지출이라고 생각한다. 하지만 세상에는 다양한 건물만큼 다양한 건물주가 있다. 임차인의 사정을 살펴주는 임대인도 꽤 있다. '밑져야 본전'이라면 공사기간 동안 임차료를 면제하거나 금액을 낮춰줄 수 있는지 협의해보는 것도 한 가지 방법이다. 말 한 마디로 수백만 원을 아끼게 될 수도 있다.

part 2

세상에 이런 業이

평범한 사람들의 특별한 창업 이야기

당신은 **언제** **창업**을 **결심**했나요?

-
-
-

당신의 열정에 불을 당겨줄 창업 선배들의 이야기

01

"

회계 법인에서 일한 지
5년이 되던 어느 날,
정신을 차려보니 똑같은 일을
반복하고 있더라고요.
회사를 떠나 내가 좋아하는
새로운 일을 해야겠다는
생각이 들었어요.
'이왕 할 거면 내가 산업에서
느꼈던 문제점들을
해결하는 일을 해보자' 한 거죠.

"

앤톡 | **박재준** 대표

02

회사에 소속된 디자이너들은
대부분 제품을 부분별로 분업해서
디자인하거든요.
혼자만의 힘으로 완성시킨 제품을
팔고 싶다는 욕망이
항상 있었어요.
그래서 창업의 위험부담을
감수한 거죠.
'안 되면 또 다른 회사 가면 되지?'
하는 생각도 했고.

하울팟 | **안중근** 공동창업자

03

원래 하던 일에
불만이 많았어요.
그래서 디자인 재능 기부 같은
외부활동을 많이 했죠.
그러던 중 사회적 기업에 관한
다큐를 보게 됐는데
너무 매력적이더라고요.
제가 관심 있던 기부에 관한 일들을
기업화시킬 수 있을지에 대한
고민을 그때 하기 시작했어요.

빅워크 | **한완희** 대표

Case Study 1

Different Thinking

다른 생각이
새로운 업을 만들다

1

01
장애 관련 시장에 뛰어들어 점자 스마트워치를 만들다

김주윤 | 닷 대표

"와우!"

2016년 3월 26일 미국 샌디에이고 맨체스터 그랜드 하얏트 호텔에서 열린 '제31회 국제 보조공학 장애인 컨퍼런스'에 '살아 있는 팝의 전설' 스티비 원더Stevie Wonder가 등장했다. 그 자리에 있던 세계 최초 시각장애인용 스마트워치 '닷워치Dot Watch'의 시제품을 체험한 뒤 자신도 모르게 탄성을 질렀다. 어렸을 때 '미숙아 망막증'으로 시력을 잃은 스티비 원더는 "하루빨리 받아보고 싶다"는 말과 함께 이날 바로 '닷'의 스마트워치를 사전 예약 주문했다.

날렵하고 세련된
정보기술 기기가 하루가
멀다 하고 등장하는 시대에
목에 건 2kg짜리 철제
단말기라니. 김 대표는
"뭔가 잘못됐다"는
생각이 강하게 들었다.

인터뷰 보러 가기

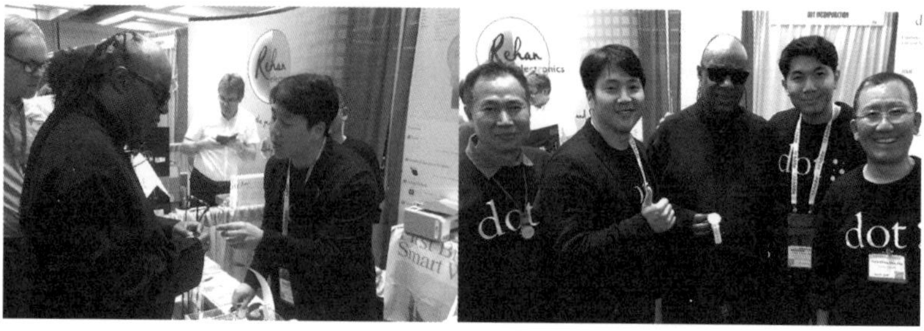

'닷'의 스마트워치를 사전 예약 주문하는 스티비 원더

팝의 전설, 스티비 원더를 흥분시키다

팝의 전설을 흥분시킨 제품, '닷워치'는 1990년생 동갑내기 한국 대학생 세 명이 의기투합해 2015년 4월 처음으로 시제품을 출시한 세계 최초의 시각장애인용 점자 스마트워치다. 출시 전 이미 '아이디어'만으로 국내외 각종 창업경진대회를 휩쓸었고, 시제품이 나온 뒤엔 국내 언론은 물론 미국 《타임TIME》지, 영국 BBC 등 유수의 글로벌 매체로부터도 극찬을 받았다.

'닷워치' 제작·판매업체 '닷Dot'의 김주윤 대표는 지난 2013년 말 미국 시애틀에서의 유학생활 당시 외로움을 달래려 찾아갔던 한 교회에서 사업의 첫 영감을 얻었다.

"한 시각장애인 친구가 목에 항상 커다란 기계를 걸고 다니는 걸 봤어요. 너무 궁금해 어느 날 물어보니 '점자 정보 단말기'라고 하더군요."

'점자 정보 단말기'는 컴퓨터 속 문자를 점자와 음성으로 변환해주는 일종의 '점자 노트북'이다. 시각장애인이 문서 작성이나 인터넷 검색 등을 하려면 반드시 필요한 장치이지만 보급률은 2%에 불과하다. 대다수가 가로 40cm, 세로 20cm 내외의 철제 제품으로 무게 2~3kg에 달해 휴대하기 어렵고, 가장 저렴한 것도 300만 원이 넘는 고가이기 때문이다.

날렵하고 세련된 정보기술 기기가 하루가 멀다 하고 등장하는 시대에 목에 건 2kg짜리 철제 단말기라니. 김 대표는 친구와 이야기를 나눌수록 "뭔가 잘못됐다"는 생각이 강하게 들었다.

"관련 자료를 찾아보니 점자 정보 단말기 시장은 지난 15년 동안 거의 변화가 없었더군요. '장애 관련 사업은 시장이 작다'는 이유로 기업들이 별다른 관심을 두지 않은 것이죠. 소수 업체가 독점하는 시장이니 발전도 없는 것이고요."

유학 당시 '창업'을 꿈꾸며 '기업가 정신'을 부전공으로 배운 김 대표. 한 외신 기사를 접한 것을 계기로 장애 관련 시장에 뛰어들기로 결심했다.

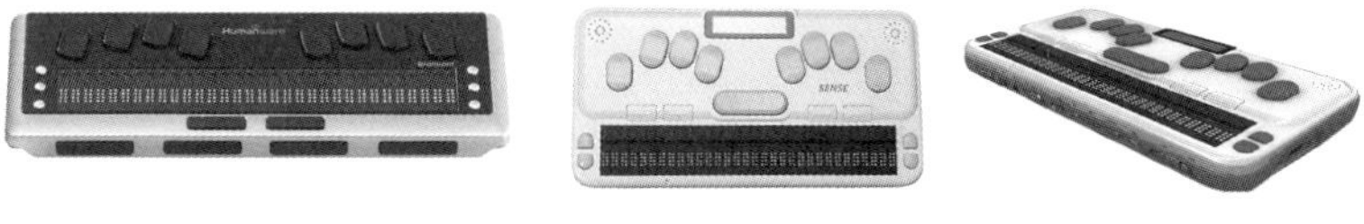

시중의 점자 정보 단말기들
(사진 출처: 자원메디칼, Human ware 홈페이지)

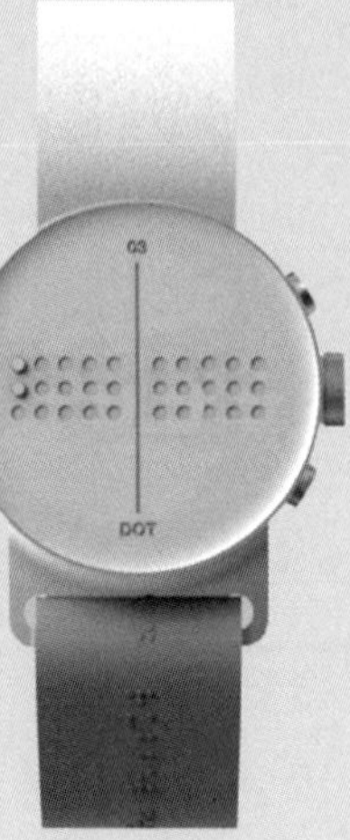

닷워치

스마트폰과 연결하면 24개의 점자핀이 실시간으로 움직이며 휴대전화로 들어온 메시지를 점자로 변환

시계와 음성 녹음은 스마트폰 연결 없이도 이용 가능

기존 점자 정보 단말기의 1/20 크기.
가격은 1/10 수준

"'왜 시각장애인들은 디지털화의 혜택을 받지 못할까'란 제목의 기사였는데, 그 기사의 결론이 '장애 관련 시장이 작기 때문'이라는 거였어요. 영국 기사였는데, 영국엔 시각장애인이 50만 명밖에 없으니 시장성이 없다는 것이죠. 그런데 전 반대로 봤어요. 전 세계적으로 따지면 그 숫자가 더 많아질 테니 절대 작은 시장은 아니라고 생각한 것이죠."

전 세계의 시각장애인 수는 2억 8,500만 명에 달한다. 수십 년간 정체 상태인 기존 제품보다 더 나은 것을 만들 수 있다면 충분히 도전해 볼 만한 시장 규모였다. 결심을 굳힌 김 대표는 미국 학교에 휴학계를 내고 지난 2014년 6월 한국에 돌아왔다. 같은 해 9월 동갑내기 친구 성기광 최고기술경영자CTO와 주재성 디자이너를 창업 동지로 영입한 뒤 본격적인 제품 개발에 들어갔다.

김 대표의 주전공은 역사학. 부전공으로 컴퓨터공학을 공부했고 엔지니어 출신인 성기광 CTO도 영입했지만 이 사업을 하려면 관련 기술을 잘 아는 '잔뼈 굵은' 진짜 전문가가 필요했다. 마침 자석분야 기술자로 20년 가까이 일해온 김 대표의 아버지가 전문 엔지니어들을 소개해줬다. 아버지 자신도 기술 고문으로 '닷'에 참여했다.

7개월의 연구 끝에 '닷'은 자석 기술을 활용한 시각장애인용 스마트워치 '닷워치'를 개발했다. 모양새는 일반 스마트워치와 똑같지만 액정화면이 있을 자리에 24개의 점자핀이 놓여 있다. 블루투스를 통해 스마트폰과 연동하면 이 핀들이 위아래로 움직여 휴대전화로 들어온 메시지를 점자로 변환시켜준다. 기본적인 시계 기능과 음성 녹음은 스마트폰의 연동 없이도 가능하다.

'닷워치'는 기존 점자 정보 단말기와 비교해도 성능과 가격 면에서 모두 우위라는 평가를 받는다. 기존 점자 정보 단말기는 전기 자극에 세라믹 판이 구부러지는 원리를 이용한 것으로, 세라믹 판 길이가 일정 수준 이상이 돼야만 점자를 표시할 수 있어 소형화가 어려웠다. 원재료가 되는 세라믹 가격이 비싼 것도 대중화의 걸림돌이 됐다. 반면 '닷워치'는 세라믹 판 대신 자석 위에 코일을 감아 전기 신호에 따라 점자핀을 움직이는 방식으로 제품 소형화와 가격 절감이라는 두 마리 토끼를 모두 잡을 수 있었다. 이러한 기술 혁신 덕에 크기는 기존 점자 정보 단말기의 20분의 1로 줄였고, 가격은 10분의 1수준인 290달러로 낮출 수 있었다. 한국어와 영어, 두 언어를 점자 지원한다.

편견을 깨면 좁아 보이던 시장이 열린다

디자인에도 신경을 썼다. '쓰는 사람의 눈에 보이지 않으니 디자인은 중요하지 않을 것'이란 선입견과 달리 시장 조사과정에서 만나본 시각장애인들이 하나같이 '시계의 모양과 색'을 궁금해했다고 한다. '비장애인도 함께 착용할 수 있는 제품'을 고민한 끝에 현재의 원형 시계 디자인이 나왔고, 2016년 2월엔 세계 3대 디자인 어워드로 손꼽히는 '독일 iF 디자인 어워드' 본상을 수상하기도 했다.

2016년 12월 정식 출시를 앞둔 '닷워치'는 '장애 분야는 시장 규모가 작아 성공하기 어렵다'는 세간의 우려를 불식시키며 선주문으로만 벌써 13만 대를 팔았다. 약 350억 원 규모다. 이탈리아 출신의 유명 시

활용도가 떨어지는 점자 콘텐츠

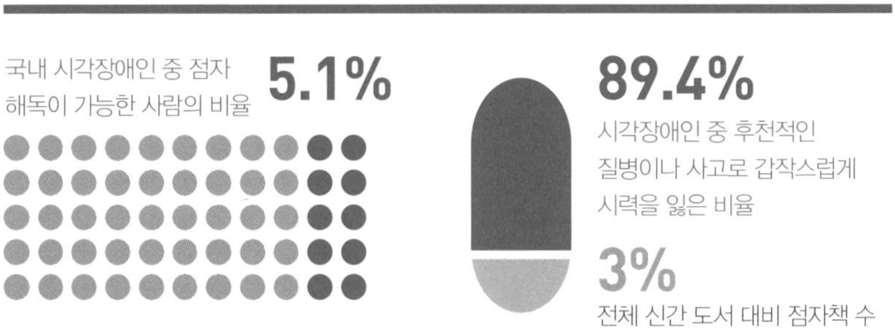

각장애인 테너 안드레아 보첼리Andrea Bocelli도 사전 주문에 동참했을 정도로 이미 관련 시장에선 선풍적 인기를 끌고 있다.

세계 최초 시각장애인용 스마트워치를 성공시킨 '닷'의 목표는 점자를 더 널리 알리는 것. 국내 약 30만 명의 시각장애인 중 점자를 해독할 수 있는 사람은 5.1%에 불과하다. 시각장애인의 89.4%가 후천적인 질병이나 사고로 갑작스럽게 시력을 잃기 때문에 아예 점자 학습을 포기하는 경우가 많다. 더욱이 점자로 읽을 수 있는 콘텐츠가 전체 신간 도서 대비 3%가 채 안 돼 점자 활용도가 극히 떨어진다는 점도 문제다. '닷'은 현재 카이스트 권동수 기계공학과 교수팀과 협업해 시각장애인이 혼자서도 점자를 학습할 수 있는 점자 태블릿 PC '닷패드'를 연구·개발 중이다. 한국국제협력단KOICA의 기술벤처 지원 프로그램 'CTSCreative Technology Solution'의 일환으로 아프리카 등 개발도상국 시각장애인들을 위한 저가형 스마트워치 '닷미니'도 개발하고 있다.

"우리나라의 경우 정부가 매년 2,000대 정도의 점자 정보 단말기를 구입해 시각장애인에게 지원하고 있는데, 7년 동안 7번 신청해서 모두 떨어진 분도 계시더라고요. 그만큼 보급률이 떨어지는 셈이죠. 글씨를 읽지 못하면 공부도 못하고 취직도 하기 힘들잖아요. 사람이 죽고 사는 문제일 수 있는데, '시장이 작다'고 외면하고 있으면 안 되죠. 전 내일 당장 죽는다고 해도 마지막까지 이 일을 할 거예요."

02

울퉁불퉁한 남자 손으로 나물을 데칩니다

서재호 | 나물투데이 대표

'서민갑부', '나물청년', '청년사업가'. 아직 여드름도 가시지 않은 스물 일곱살 동갑내기 세 청년들에게 붙여진 별칭들이다. 풋풋함이 남아 있는 얼굴과 달리 그들의 손엔 굳은살이 잔뜩 배겼다.

나물 데쳐 돈 버는 세 청년

그 울퉁불퉁한 손으로 세 청년은 매일 '나물'을 데친다. 50여 가지가 넘는 나물을 직접 데쳐 온라인으로 판매하는 기업 '나물투데이'의 세 청년 사업가들을 만나 이들의 '창업 성공 레시피'를 들여다봤다.

재료 3~4인분

- 기업 가치 한 스푼
- 질 좋은 상품 한 웅큼
- 고객 만족 서비스 두 스푼

STEP 1.
기업 가치
손질하기

STEP 2.
질 좋은 상품
데치기

STEP 3.
고객 만족 서비스
첨가하기

우리나라에 자생하는 식물은 약 4,000여 종. 이 중 시장에 유통되는 식용 작물은 230종 가까이 된다. 생으로 먹어야 더 맛있는 것도 있지만 대부분의 나물은 한 번 데쳐 먹는 게 좋다. 끓는 물에 삶아야 독성이 빠지고 식감도 부드러워진다.

나물을 데치는 일은 생각보다 간단치 않다. 나물 종류마다 데침에 적합한 온도, 시간이 다르기 때문이다. 한 가정집 식탁에 오르는 나물은 보통 서너 가지 정도 된다. 이들 나물의 개별 특성을 따져 따로 데치는 일이란 보통 귀찮은 게 아니다.

'나물투데이'는 이런 불편함을 사업의 기회로 포착한 기업이다. 청년 세 명이서 50여 종류의 '오늘' 데친 나물을 그날 바로 온라인으로 판매한다. 생나물을 배송해주는 업체는 많지만 나물을 직접 데쳐 배달하는 서비스는 나물투데이 말고는 없다. 서재호 나물투데이 대표가 사업을 구상할 때 중점을 둔 것은 단순한 이윤 창출보다는 일상의 불편을 해소해주면서 돈을 벌 수 있는 일을 찾는 것이었다.

명확하게 세워둔 기업 콘셉트는 '나물투데이'만의 독특한 서비스를 만들어내는 밑거름이 됐다. 매번 사이트에 들어와 나물을 주문하는 것을 번거로워하는 고객들을 위한 '정기 배달 서비스', 어떤 나물을 살지 고민할 필요 없는 '나물 큐레이팅 서비스' 등은 모두 고객들이 일상에서 접하는 불편을 덜어주자는 목표로 시작한 것들이다. 온라인 주문이 힘든 고객을 고려해 직접 전화 주문도 받는다.

먼동이 트기 한참 전 하루를 여는 세 청년들

세 청년들은 먼동이 트기 한참 전 하루를 연다. 새벽 두 시 서울 동대문 경동시장을 찾아가 신선한 나물을 사들인다. 잠깐의 쪽잠을 잔 뒤 사무실 한편에 마련한 주방에서 나물을 데친다. 이렇게 나물을 삶고 헹구는 과정을 수차례 반복하다 보면 갖가지 데침 나물이 탄생한

처음 사업을 구상할 때
중점을 둔 것은 단순한
이윤 창출보다는 일상의
불편을 해소해주면서
돈을 벌 수 있는 일을
찾는 것이었죠.

인터뷰 보러 가기

다. 이것을 진공 용기에 담고 아이스 팩을 넣어 포장하면 배송을 위한 모든 작업이 오후 6시께 완료된다. 오늘 주문한 나물이 그날 바로 데쳐져 배송될 수 있는 데는 세 청년의 이 같은 고단한 하루가 숨겨져 있다.

나물투데이가 본격적으로 온라인 판매를 시작한 건 지난 2014년 10월. 창업 후 매달 1.5배씩 매출이 늘더니 1년 반 만에 2,400만 원의 월 매출을 달성했다.

지금이야 방송도 타고 언론에 소개도 많이 돼 '나물투데이'가 청년 기업의 대명사가 됐지만 사업 초기엔 '청년'이란 이름을 내세우지 않았다고 한다. 나물의 맛과 품질만으로 고객에게 신뢰감을 주고 싶었다는 게 서 대표의 설명이다. 무료로 나물 샘플을 받아볼 수 있게 한 '맛보다 서비스'가 그 일환이다.

"(고객들이) 샘플을 맛보고 나물이 괜찮으니까 재구매를 많이 하셨어요. 일단 품질이 보장된 후에 젊은 청년들이 사업하고 있다는 걸 아시니까 '나물에 대해 뭔가 알고 있는 청년들'이라고 신선하게 봐주신 것 같아요."

적극적인 쌍방향 소통으로 고객들과 인연을 맺다

나물투데이 사업에서 청년들만의 반짝이는 아이디어가 빛을 발하는 분야가 있다. 바로 고객 만족 서비스다. 그중 단연 돋보이는 것은

'판매 후기'. 후기는 상품을 구매한 소비자만 쓸 수 있다는 편견을 깨고 나물 청년들은 매일매일 그날의 판매 후기를 올린다. 나물이 배송되는 동안 어떤 나물을 얼마나 데쳤고 어떤 과정을 통해 보내지는지 고객들에게 직접 보여주는 것이다. 고객들이 궁금해하는 부분을 직접 보여주면서 신뢰를 쌓을 수 있었다.

나물투데이의 또 다른 장점은 '커뮤니케이션'. 적극적인 쌍방향 소통을 통해 고객들과 '인연'을 맺는다. 나물과 함께 레시피를 보내거나, 먹는 방법을 묻는 고객들에겐 바로바로 답장도 한다. 나물 레시피를 연구해 홈페이지나 블로그를 통해 꾸준히 업로드하는 등 확실한 애프터서비스AS를 제공한다.

아무리 고객 주문이 밀려도 택배 상자 뚜껑 안쪽에 '날씨가 좋네요', '행복하세요' 같은 메시지를 직접 손 글씨로 적어 보내는 것도 잊지 않는다. 판매자와 구매자를 매개하는 상품에 이 같은 '인간미'를 더하면 그만큼 고객들의 재구매 의사는 높아질 수밖에 없다.

그들의 나물 사랑 얘기를 가만히 듣고 있자니 철저한 '육식주의자'인 필자도 문득 나물이 먹고 싶어졌다. 세 나물 청년들에게 요즘 가장 맛있는 나물이 뭐냐고 물었다. "독특한 나물 좋아하시면 가죽나물이 맛있고요. 요즘은 방풍나물이 제철이죠." 이름도 생소한 나물들을 망설임 없이 줄줄 읊는 걸 보니 '나물 청년'이라는 수식어를 달기에 충분해 보였다.

03
에어조던을 꿈에 그리던 소년, 신발 복원 전문가가 되다

안재복 | 슈케어 대표

지금이야 '나이키 제국'으로 불릴 정도로 운동화의 대명사가 됐지만 1980년대 초 나이키는 아디다스, 리복, 아식스 등에 밀려 고전을 면치 못하고 있었다. 그런 나이키가 쟁쟁한 경쟁업체들을 상대로 대역전극을 벌일 수 있었던 건 천재 농구 선수 '마이클 조던Michael Jordan'이 있어 가능했다. 그리고 여기 '조던' 덕에 쏠쏠한 업業을 일구며 살아가는 사람이 있다.

나이키 살린 조던, 그 덕에 잘 먹고 잘 사는 기업

신발 복원·관리 용품 전문 업체 '슈케어'의 안재복 대표는 '에어조던 복원 전문가'다. 염색이 벗겨지거나 밑창이 갈라지는 등 낡아 더 이상 못 신게 된 에어조던 신발을 말끔하게 수선해주는 일을 한다. 그가 본격적으로 이 일을 사업화한 건 2016년 2월. 사회적기업진흥원의 한 프로그램에 선발돼 창업비용 등을 지원받고, '안앤리'라는 기업을 설립한 뒤 '슈케어' 브랜드를 만들었다.

신발이 낡으면 버리고 새로 사면 그만인 시대. 그는 왜 헌 신발을 수선해주는 사업에 뛰어든 걸까. 그의 창업 이야기는 1985년 '나이키 에어조던'의 탄생으로 거슬러 올라간다.

1984년 당시 NBA 데뷔도 하지 않은 신인이었던 마이클 조던은 나이키와 파격적인 조건으로 계약을 맺었고, 다음 해 그의 첫 시그니처 농구화인 '에어조던 1'이 탄생했다. 나이키와의 계약 직후 미국프로농구NBA에 데뷔한 조던은 그야말로 코트 위를 날아다녔다. 에어조던의

조던의 인기와 더불어 고공행진을 거듭한 나이키 운동화

'어, 이거 돈이 되네?'
하고 열심히 복원해주다
보니 어느 순간 제가
창업을 했더라고요.

인터뷰 보러 가기

인기도 덩달아 고공행진을 기록, 발매 첫해에만 1억 3,000만 달러어치가 팔렸다. 그전까지 죽을 쑤던 나이키의 매출도 이를 기점으로 조던의 덩크 슛처럼 호쾌한 비상을 한다.

이후 나이키는 1년에 한 번씩 에어조던 시리즈를 내놓으며 '조던'을 하나의 문화로 만들었다. 조던 운동화는 폭발적인 수요에 비해 공급이 매번 부족했다. 발매일마다 나이키 매장 앞에 긴 줄이 늘어섰고, 학생들이 신발을 사기 위해 수업을 빠지는 일이 사회 문제로 불거지기까지 했다.

젊은이들의 로망 '에어조던', 신발 복원 전문가를 탄생시키다

에어조던의 인기가 태평양을 건너 우리나라에 상륙한 건 1990년대 초·중반. '마이클 조던'을 필두로 만화 '슬램덩크', '농구대잔치' 등 그 시대를 풍미했던 농구 열풍에 힘입어 농구화의 인기도 함께 치솟았다. 어른, 아이 할 것 없이 한 푼 두 푼 돈을 모아 '에어조던'을 사는 게 유행처럼 번졌다.

안 대표 역시 '에어조던'을 꿈에 그리던 소년이었다. 당시 에어조던 시리즈는 8~9만 원대. 어른들도 사려면 큰마음을 먹어야 했던 소니 워크맨이 당시 그 정도 가격에 거래됐던 것을 감안하면 초등학생 신분이던 그에게 조던 운동화는 언감생심이었다.

"너무 갖고 싶은데 돈이 없으니까 그냥 조던을 공부하기 시작했어요. 에어조던이 어떻게 탄생하게 됐는지, 나이키는 어떤 기업인지 등등. 그렇게 관심을 갖다 보니 헌 운동화를 싸게 사서 깨끗하게 만들어 신을 수 있는 방법도 찾게 된 거죠."

그렇게 그는 국영수 대신 신발을 공부하며 학창시절을 보냈다. 성인이 된 후엔 돈을 모아 조던을 사 신고, 그동안 습득한 신발 지식을 바탕으로 자신이 신던 헌 신발을 수선해 되팔기도 했다. 그렇게 안 대표는 '취미생활'로 조던을 만지작거리며 신발 복원을 위한 손재주를 익혔다.

'취미생활'을 業으로 바꾸다

"어느 날 의문이 생기더라고요. '미국에서는 셀프 신발관리 문화가 발달해서 사람들이 튜토리얼(강의) 영상 콘텐츠를 계속 만들어 공유하기도 하는데 우리나라는 왜 이게 안 될까?' 곰곰이 생각해보니까 우리나라에는 할 수 있는 사람이 없는 거예요. 돈이 많이 되는 것도 아니고 관리 방법도 잘 모르는 데다가 에어조던을 갖고 있는 사람도 많이 없었거든요. 이걸 할 수 있는 게 딱 저라는 생각이 들었어요."

그래서 안 대표는 2015년 12월부터 신발 관리 영상 콘텐츠를 만들기 시작했다고 했다. 망가져 신을 수 없는 에어조던 신발을 복원하는

조던 시리즈 운동화들

과정을 손수 촬영·편집하고, 이를 동영상 공유 사이트에 올렸다.

이 영상을 보고 안 대표에게 신발을 맡기는 사람도 하나둘 늘어났다. 심지어 세계적인 신발 관리용품 브랜드 '엔젤러스'의 한국 총판에서 용품 일체를 무상으로 지원해주겠다는 연락까지 왔다.

"'어, 이거 돈이 되네?' 하고 열심히 복원해주다 보니 어느 순간 제가 창업을 했더라고요."

'슈케어'는 2016년 현재 월 매출 1,000만 원을 달성, 창업 4개월 만에 손익분기점을 넘긴 '유망주' 기업이다. 신발 복원 사업이 원가가 거의 들지 않는 '전문기술' 분야인 까닭에 초기 비용 회수를 빨리할 수 있었다.

슈케어는 최근 중소기업청 지원사업에도 합격해 융자금 지원도 받았다. 이 돈을 연구·개발에 대거 투입해 '국산' 신발 관리용품을 최초로 생산하겠다는 당찬 목표를 세웠다.

"처음에는 신발 복원 사업만 했었는데 제가 (신발을 복원하는 데) 쓰는 관리용품에 대해 문의하는 사람들이 많았어요. 그래서 전문 관리용품도 같이 판매하게 됐는데, 이 물건의 95% 이상이 해외 제품이에요. 우리나라에서 만들고 있는 게 거의 없다고 보면 돼요. 그래서 많이 쓰이는 관리물품들은 저희가 직접 만들어볼 수 있지 않을까 해서 제조업에도 뛰어들었죠."

시대 흐름에 맞는 전략이 필요하다

다시 에어조던 시리즈가 탄생하기 전인 80년대 중반의 이야기. 당시 나이키 창립자 필 나이트**Phil Knight**는 시대착오적인 생각을 하고 있었다. 그는 '마케팅'을 불신했다. 광고는 허상이고 결국 중요한 건 좋은 기술과 품질이라고 굳게 믿었다. 그러나 안타깝게도 아디다스나 리복이 공격적인 마케팅으로 전례 없이 몸집을 불려나가는 동안 나이키의 매출은 바닥으로 곤두박질치고 있었다.

그때 구세주처럼 등장한 남자가 신인 농구선수 마이클 조던의 에이전트를 맡고 있던 '데이빗 포크**David Falk**'다. 그에게는 트렌드를 읽는 능력이 있었다. 포크는 조던의 가능성을 눈여겨보고 있었고, 이 천부적 재능을 지닌 선수와 좋은 스포츠브랜드의 결합이 시너지 효과를 일으킬 것이라고 확신했다. 그는 조던을 '하늘을 걷는 사나이'라 칭하며 기업들에 적극적인 구애활동을 펼쳤고, 위기에 빠진 나이키가 그 손을 잡았다.

그 결과, 에어조던을 출시한 해 나이키의 전체 매출은 10억 달러를 넘겼다. 이를 발판으로 나이키는 1988년 아디다스를 제치고 스포츠 브랜드 1위 왕좌를 탈환했다. 시대의 흐름에 뒤처졌던 나이키에 '신의 한 수'를 던져준 것이 '트렌드 세터' 데이빗 포크였고, 덕분에 에어조던 시리즈가 탄생할 수 있었던 셈이다.

안 대표 역시 자신이 짧은 시간 내에 성공 궤도 위에 오를 수 있었던 비결이 '시대에 맞는 전략'을 잘 짠 덕분이라고 말한다.

"신발을 세탁하거나 수선하던 집은 원래 다 있었잖아요. 그런데 전 요즘 시대 흐름에 맞춰 조던을 공부했고, 새로운 마케팅 방식으로 영상을 제작한 것이죠. 흐름에 맞춰 공략을 했기 때문에 지금 사업이 잘 되고 있는 거 아닐까요?"

04

반려동물의 디자인권을 옹호하다

안중근·임동률 | 하울팟 공동창업자

소비자 취향이 참 뚜렷한 시대다. '자주 사는 옷 브랜드는 뭔가요?', '당신이 좋아하는 스마트폰은 뭐죠?', '가전제품은 주로 어느 회사의 것을 쓰시나요?' 등의 물음에 각자가 선호하는 브랜드 하나쯤 쉽게 꺼내놓을 수 있으니 말이다. 그럼 이 질문은 어떤가. '당신이 키우는 반려동물이 주로 사용하는 브랜드는 무엇인가요?'

반려동물을 키우는 인구 1,000만 명 시대. 이 숫자의 무게감에 걸맞은 '명품 브랜드'가 반려동물 제품 시장에도 하나쯤 있어야 한다고 말하는 기업이 있다. 삼성전자에서 갈고 닦은 디자인 실력으로 개집을, 개 목걸이를, 개 밥그릇을 만드는 업체 '하울팟'이 그 주인공이다.

사실 사람을 위한
디자인은 넘쳐나는
시대예요. 반면
반려동물 제품은
아니었죠.

인터뷰 보러 가기

'펫족'들의 이목을 집중시킨 하울팟의 제품들

'WE STAND FOR COMPANION ANIMAL'S DESIGN RIGHTS'

웹페이지에 게재된 하울팟의 소개글이다. 번역하면 '우리는 반려동물의 디자인권을 옹호한다' 정도가 된다. '반려동물의 디자인권'이라니……. 이 무슨 엉뚱한 말장난인가 싶은데, 하울팟은 사회의 이런 고루한 인식을 사업의 모티브로 삼았다.

"의류나 가전제품 등을 보면 최고라고 여기는 브랜드가 각자 있잖아요. 그런데 반려동물 제품은 반려동물을 키우는 사람도 선호하는 브랜드를 곧바로 얘기하지 못하더라고요. 어떻게 보면 백지라고 할 수 있는 이 시장에서 브랜드로 불릴 수 있는 회사를 만들어보자는 생각에 창업을 하게 됐죠."

하울팟은 삼성전자 디자이너 출신 임동률·안중근 공동창업자 겸 실장이 의기투합해 설립한 업체. 홍익대학교 미대 동문으로 대학생 시절 각자 삼성전자 멤버십 프로그램에 참여하며 첫 인연을 맺은 둘은 이후 나란히 삼성전자에 입사, 약 3년을 같은 부서(비주얼 디스플레이부)에서 일했다.

어느덧 많은 대화를 나누는 친구 사이가 됐고, 창업을 같이해도 될 만큼 관심거리가 비슷하다는 것도 알았다. 그래서 2015년 5월 나란히 회사에 사표를 썼고, '공동대표' 대신 '실장'이란 직함을 쓰는 창업 동지가 됐다.

"저희는 전 회사에서 사람을 위한 디자인을 했던 사람들인데요. 사실 사람을 위한 디자인은 넘쳐나는 시대예요. 반면 반려동물 제품은 아니었죠. 다만 반려동물 제품이라고 아예 사람을 배제하고 디자인할 수는 없어요. 반려동물의 습성과 행동을 연구한 것들과 우리가 삼성전자에서 배운 부분들을 디자인에 함께 녹여낸다면 충분히 경쟁력이 있을 것이란 자신감이 있었죠."

'반려동물 문화' 자체를 업그레이드하다

2015년 11월 반려동물 박람회를 통해 첫 선을 보인 하울팟의 제품은 반려견을 위한 침대 '하울리HOWLY'와 가죽 디자인 목걸이 '위아타이트WE ARE TIGHT'. 판매가가 각각 24만 5,000원, 7만 4,000원으로 저렴하진 않지만 최고급 소재를 활용한 심플한 디자인으로 '명품' 반려동물 제품에 목말라하는 '펫족PET族'들의 이목을 집중시켰다.

2016년 초엔 세계 3대 디자인상 가운데 하나인 '2016 레드닷 디자인 어워드'를 수상하며 디자인의 우수성을 인정받았고, 한 유명 글로벌 디자인 사이트에서 제품 소개가 이뤄진 뒤부턴 해외를 통해서도 매출이 발생하고 있다. 최근엔 전체 매출액의 35%가량을 차지하고 있는 해외 부문을 담당할 사업 파트너로 미국 유학파 출신 친구를 새롭게 영입하기도 했다.

현재 하울팟은 자체 웹페이지를 통한 온라인 판매를 하고 있는데, 오프라인 판매는 신세계·갤러리아 백화점 및 라이프스타일 편집숍 일부 매장으로 제한시키고 있다. 당장의 매출을 끌어올리기 위해 전국 애견숍이나 동물병원 등으로 판매 라인을 늘리기보다 고급 매장으로 입점을 제한시켜 브랜드 가치를 높이겠다는 전략이다.

하울팟이 현재 제작·판매하고 있는 제품은 반려동물을 위한 집과 침대, 가죽 목걸이, 사료 그릇 등 여섯 가지. 이들의 최우선 목표는 제품 라인업을 다양하게 늘려 소비자들에게 더 많은 선택권을 줄 수 있는 환경을 만드는 것이다.

하울팟은 최근 갤러리로 쓸 수 있는 지하 공간이 딸린 새 매장을 서울 한남동에 마련했다. 세 명의 하울팟 멤버들은 이 매장을 단순히 반려동물 제품을 사고파는 곳이 아닌, 반려동물과 그 동물을 사랑하는 사람들이 어울려 즐길 수 있는 문화 공간으로 만들겠다는 계획을 세웠다.

"2016년 4월에 청담동 전시장을 빌려 반려동물과 함께할 수 있는 전시회를 열었는데 반응이 굉장히 좋더라고요. 반려동물 시장이 커질수록 관련 콘텐츠도 풍부해질 수밖에 없고, 자연스레 문화적인 측면도 발전할 것이라고 생각해요. 저희의 한남동 매장도 제품 판매 외에도 갤러리 등 다양한 활동을 할 수 있도록 꾸미려고 합니다."

지난 2012년 9,000억 원가량 됐던 국내 반려동물 시장은 지속적인 성장세를 거듭해 오는 2020년엔 약 6조 원 규모로 커질 것으로 전망된다.

KB금융지주경영연구소는 최근 보고서에서 "고령화 사회의 심화와 1인 가구 증가 등으로 반려동물을 기르는 가구가 늘면서 전체 가구의 18%가량이 1,000만 마리 이상의 반려동물을 기르고 있다"며 "반려동물 관련 지출도 꾸준히 증가하고 있는 상황"이라고 분석했다.

국내 반려동물 시장 규모 전망

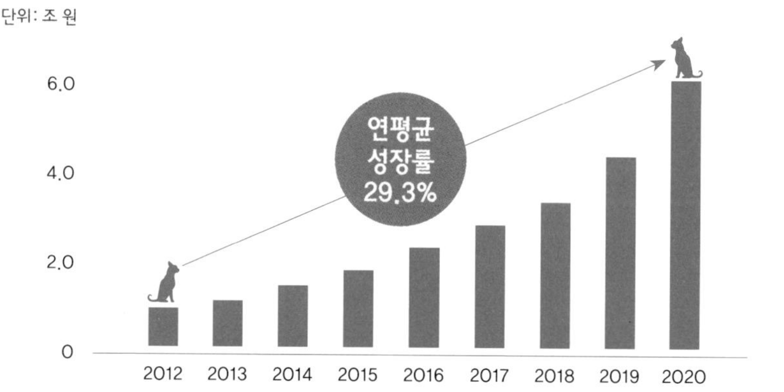

05
내 집 같은 '공간'을 빌려 드립니다

최성욱 | 마이박스 대표

2011년 미국 시카고의 방 3개짜리 아파트에서 서울 용산의 원룸으로 이사하던 날, 그는 커다란 난관에 봉착했다. 협소해진 공간 탓에 오갈 데 없어진 짐이 상당했던 것. 쓸모없는 물건은 바다를 건너기 전 이미 처분하고 왔던 터라 더 이상 내다 버릴 것도 없었다. 결국 그는 방 한편에 짐을 쌓아두는 방법을 택했다. 그날 이후 그는 집에 들어갈 때마다 수북이 쌓인 상자더미와 매일 대면해야 했다.

그것이 물품 보관 서비스 '마이박스'의 시작이었다. 미국에 살던 최성욱 대표는 한국에 오면서 직접 겪은 불편함을 자연스럽게 창업 아이템으로 연결했다. 늘어나는 짐, 좁아지는 집에 지친 사람들에게 '내 집' 같은 공간을 만들어주고 싶어 이름도 '마이박스'로 정했다.

서울도
집값이 비싸잖아요.
수요가 있겠다
싶었죠.

인터뷰 보러 가기

경험에 트렌드를 더하다

하지만 '그저 그런' 물류 보관 서비스로는 경쟁력을 가질 수 없는 법. 최 대표는 기존 보관 서비스에 대한 고정관념을 깨고 싶었다고 했다.

"물류·보관 하면 떠오르는 게 '아저씨'들이 '이삿짐' 옮겨주는 모습, '먼지 쌓인 창고……' 이런 것들이잖아요. 그런 이미지가 아닌 내 집처럼 깨끗하고 편리한 보관 서비스를 만들고 싶었어요."

그래서 그는 기존 보관 시스템에 '온디맨드On-Demand 서비스' 개념을 접목했다. 온디맨드 서비스란 소비자의 요구가 있을 때 언제든지 원하는 형태로 제공되는 것을 의미하는데, 최근 성장세를 보이고 있는 '배달 앱'이나 '심부름 앱', '숙박 앱' 등이 대표적인 예다.

마이박스 역시 짐 보관을 필요로 하는 소비자가 웹으로 상자를 주문하면 배송기사가 방문해 짐을 수거해가는 O2O 방식(On-line to Off-line, '온라인'으로 소비자가 요청하면 '오프라인' 서비스가 즉각적으로 제공되는 형태)의 온디맨드 서비스를 제공하고 있다. 마이박스 웹사이트에 가입하고 로그인을 하면 보관할 짐의 용도와 양에 따라 여러 종류의 박스를 신청할 수 있다. 원하는 날짜와 시간에 기사가 잠금장치가 달린 플라스틱 박스를 들고 찾아오면 물건을 넣어 그에게 다시 건네주면 된다. 박스를 밀봉하기 전 사진을 찍고 안에 들어 있는 물품 리스트를 메모해 마이박스 홈페이지에 남겨둘 수도 있다. 맡겨둔 여러 박스 가운데 특정 물건이 담긴 박스를 따로 찾아야 할 때 유용한 서비스다.

늘어나는 짐 보관할 '나만의 공간'을 제공하는 마이박스

01 온라인으로 박스를 신청하면

02 배송기사가 찾아오고

03 보관할 짐을 차곡차곡 상자에 넣으면

04 온·습도가 조절되는 깨끗한 창고에 보관

마이박스의 상자는 온도와 습도가 조절되고 보안이 유지되는 창고에 쌓여 주인이 다시 찾길 기다린다. 짐을 찾을 때도 온라인으로 회수를 요청하면 상자가 다시 배달되는 식이다.

"온디맨드 외에도 전 세계적으로 '물류'에 투자를 많이 하고 있어요. 아마존도 물류 시스템에 자본을 쏟아붓고 있고 한국만 해도 쿠팡에서 획기적인 시도를 하고 있잖아요. 소비 흐름에 잘 맞는

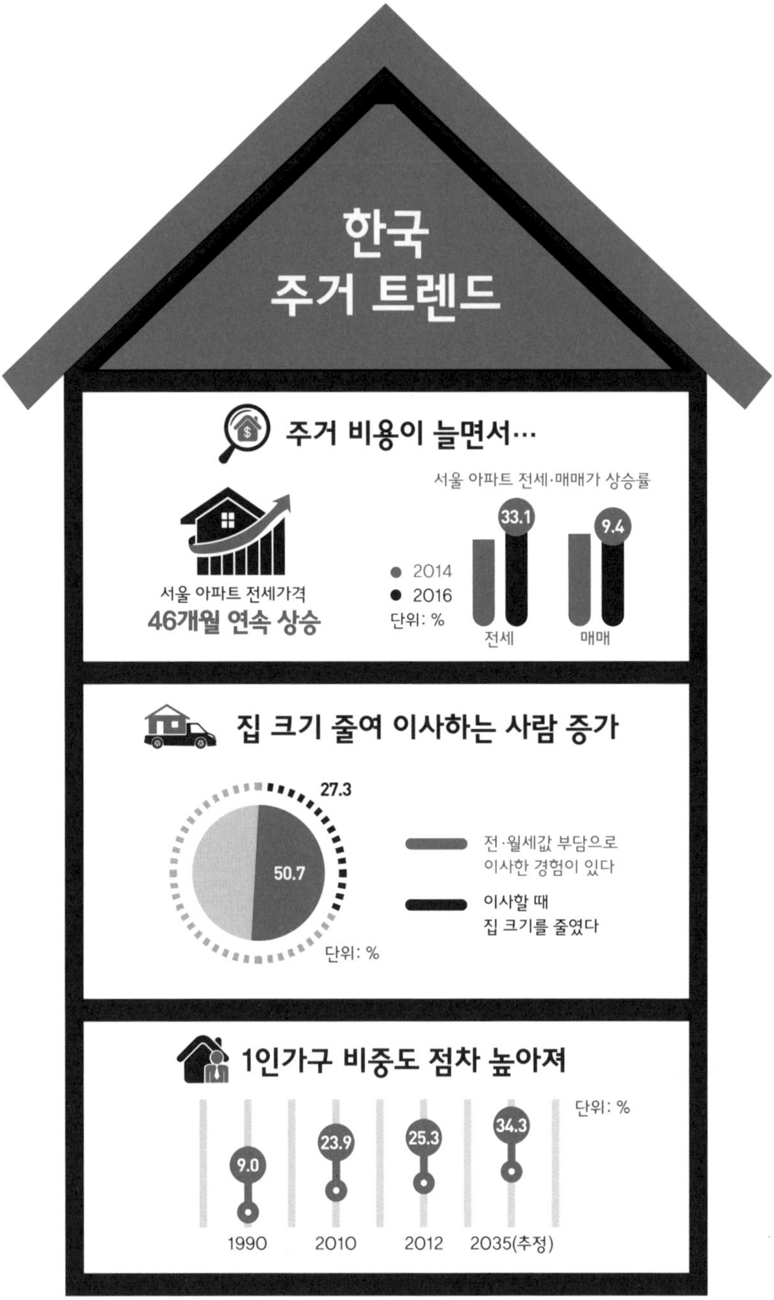
한국
주거 트렌드
주거 비용이 늘면서…
서울 아파트 전세·매매가 상승률
서울 아파트 전세가격
46개월 연속 상승
2014
2016
단위: %
33.1
9.4
전세
매매
집 크기 줄여 이사하는 사람 증가
27.3
50.7
단위: %
전·월세값 부담으로
이사한 경험이 있다
이사할 때
집 크기를 줄였다
1인가구 비중도 점차 높아져
단위: %
9.0
23.9
25.3
34.3
1990
2010
2012
2035(추정)

아이템이라는 확신이 더 강하게 들었죠."

마이박스가 추구하는 '소비자 중심 보관 서비스'는 요즘의 국내 주거 트렌드와도 부합한다. 우리나라에선 주거 비용이 높아지고 1인 가구가 늘면서 집 크기를 줄이는 사람들이 갈수록 늘고 있는 추세다. 실제 서울 아파트 전세가격은 2012년 8월 이후 46개월 연속 상승하고 있고, 1인가구 비중은 1990년 9.0%에서 2012년 25.3%까지 늘었다. 오는 2035년에는 이 수치가 34.3%에 이를 것으로 통계청은 예상하고 있다. 상황이 이렇다 보니 주거 면적은 점점 줄어들 수밖에 없다. 취업 통계 포털 '사람인' 조사 결과 전·월세 비용이 부담돼 이사한 사람들 중 50% 이상이 '집 크기를 줄였다'고 답한 것도 같은 맥락에서다.

주거 공간이 줄면 필연적으로 수납 공간도 줄기 마련이다. 요즘처럼 소비문화가 발달해 소유물이 늘어나는 시대에 주거 공간은 점점 줄여야 하는 아이러니. 마이박스는 그 모순의 간극을 메우는 시도를 하고 있는 셈이다.

"주거 비용이 많이 드는 미국 뉴욕, 샌프란시스코에선 5년 전부터 보관업체 붐이 일었어요. 홍콩은 2년 전부터 관련 기업들이 우후죽순 생겨나고 있고요. 서울도 집값이 비싸잖아요. 수요가 있겠다 싶었죠."

트렌드를 잘 읽은 덕일까. 마이박스는 2015년 10월부터 준비를 시작해 6개월 만인 2016년 4월 정식 서비스를 론칭했다. 스타트업 양성 업체 '스파크랩'에서 진행하는 스타트업 엑셀러레이팅 프로그램에 높은 경쟁률을 뚫고 선정돼 사무공간과 3,000만 원의 초기 투자금도 지원받았다.

경험과 트렌드의 결합은 계속된다

하지만 시작이 좋다고 방심은 금물.

> "솔직히 이런 아이디어는 따라하기 쉽잖아요. 그래서 '마이박스' 라는 브랜드 파워를 키우는 데 집중하고 있어요."

최 대표는 타 업체와 차별화된 서비스를 제공하기 위해 다시 옛 경험을 되살렸다.

> "미국에서 대학 다닐 때 미식축구 팀에 있었어요. 경기 한 번 뛰고 나면 챙겨야 할 장비도 많고 더러워진 유니폼을 세탁하기도 힘들었죠."

마이박스는 그 경험에서 아이디어를 얻어 한국 대학교의 미식축구팀과 연계해 장비 보관과 유니폼 세탁까지 원스톱으로 해결해주는 서비스를 준비 중에 있다.

마이박스만의 차별화된 마케팅 아이디어는 이외에도 다양하다. '셀프 인테리어'에 관심이 많은 사람이 늘어나고 있다는 것에 착안해 온디맨드 홈 클리닝 서비스인 '와홈'과 제휴하는 프로모션을 구상하고 있다. 사람들이 집 사진을 보내 응모를 하면 한 달에 한 사람씩 선정해 와홈이 집을 치워주고 인테리어 디자이너가 인테리어를 싹 바꿔주는 서비스다. 보관해야 할 짐들은 마이박스가 맡게 된다. 이밖에도 마이박스는 온디맨드 세탁서비스 '크린바스켓', 장애인 전문 후원기관 '굿윌'과의 파트너십을 통해 물품 보관과 세탁, 기부를 한번에 할 수 있는 서비스를 제공하고 있다.

최성욱 대표는 늘어나는 짐, 좁아지는 집에 지친 사람들에게 '내 집' 같은 공간을 만들어주고 싶다고 말한다.

"'My box(내 상자)'잖아요. 나의 공간."

06

고물장수? Vintage Explorer! 무엇이든 사고팝니다

이기봉 | 고조선빈티지 대표

드라마 〈응답하라 1988〉의 여운이 채 가시지 않은 봄날이었다. 서울 용산의 어느 대로에서 1987년생 포니를 만난 건. 바삐 횡단보도를 건너던 행인들의 시선이 일시에 한곳으로 쏠렸다. 샛노란 빛깔을 뽐내며 신호를 기다리던 포니 픽업이 곧 제 갈 길을 떠났다. 뒤꽁무니엔 다음과 같은 글귀가 달려 있었다.

"고조선빈티지, 무엇이든 사고팝니다."

30년 된 포니로 서울 한복판을 누비며 '무엇이든 사고파는' 남자. 게다가 회사 이름은 '고조선빈티지'란다. 참을 수 없이 궁금해진다. 포니 뒤편에 써 있던 전화번호로 무턱대고 연락을 취해 이 사람의 얘기를 들어보기로 한 건 바로 그 호기심 때문이다.

고조선빈티지의 이기봉 대표는 매일 고물상에 들러 아직 쓸 만한 고물과 희귀한 옛 물건을 발굴해 이를 온라인으로 판매하는 일을 한다. 그는 자신을 '고물장수'라고 소개했다. '고조선빈티지'라는 맛깔나는 사명에 걸맞지 않은 호칭 같다. 좀 더 그럴싸하게 바꿔보자. 버려진 물건에 가치를 더해 파는 이 멋진 직업에 어울리는 이름, '빈티지 익스플로러Vintage Explorer'. 패션잡지에서 옛 물건 수집가들을 '빈티지 컬렉터'라고 부르지 않나. 고물장수도 '빈티지 익스플로러'라 부르지 않을 이유가 없다.

'빈티지 익스플로러'의 하루

그는 하루 일과 대부분을 포니와 함께한다. 날이 밝으면 샛노란 포니 픽업을 몰고 거래처이자 보물창고인 고물상으로 향한다. 도착하자마자 팔을 걷어붙이고 산처럼 쌓인 고물들을 꼼꼼히 살핀다. 새것과 다름없는 콘센트 뭉치를 챙기며 그가 한 마디 던진다.

"고물상에서 나온다고 전부 고물이 아니에요."

그의 말처럼 고물상에 버려졌다고 다 고물이 아니다. 더 쓸 수 있는데 주인을 잘못 만나 쓰레기 취급을 받은 물건도 있고, 시중에서 더

제가 올린
물건이라면 묻지도
따지지도 않고
사겠다는 사람들이
많아요.

인터뷰 보러 가기

이상 유통되지 않는 희귀한 것들이 고물상으로 흘러들어오기도 한다. 이렇게 '고물 아닌 고물'을 발견하면 고물상에 값을 후하게 쳐줘 제 물건으로 만드는 게 이 사업의 출발점이자 핵심 사업 노하우다. 그가 거래처로 삼고 있는 고물상은 20여 군데. 오랜 기간 거래를 해오다 보니 언젠가부터는 고물상 주인들이 괜찮은 고물을 따로 챙겨뒀다가 이 대표에게 먼저 건네줄 정도가 됐다고 한다.

고물상에서 보물을 찾는 것만큼이나 중요한 일이 있다. 버려진 것에 가치를 입히는 일이다. 묵은 때와 먼지를 벗겨내고 고장 난 것은 작동할 수 있게 수리해야 한다. 빈티지 제품의 경우에는 어느 기업에서 언제 출시됐는지, 언제 단종됐는지 등의 조사도 필요하다. 아무도 쓰지 않는 고물에 실용성과 희소성, 역사와 추억을 덧대는 것이 이 대표 업業의 핵심이다.

'빈티지 익스플로러'의 하루 일과

이렇게 새롭게 태어난 물건들은 마니아들이 밀집한 각각의 온라인 커뮤니티에 올라가 새 주인을 기다린다.

"제가 올린 물건이라면 묻지도 따지지도 않고 사겠다는 사람들이 많아요."

이 대표는 고물을 보는 자신의 안목을 높이 평가하는 손님들이 많다고 했다. 실제로 취재를 위해 그와 동행하는 동안 구매 문의만 열 통이 넘게 왔다. 지난 11년간 우직하게 좋은 물건만 판매해온 성과다.

고물산업 하락세, '날것 그대로의 고물은 돈이 안 된다'

'고물상 하면 벤츠 끌 수 있다'는 말이 '팩트'이던 시절이 있었다. 고

폐기물관리법 주요 개정 내용

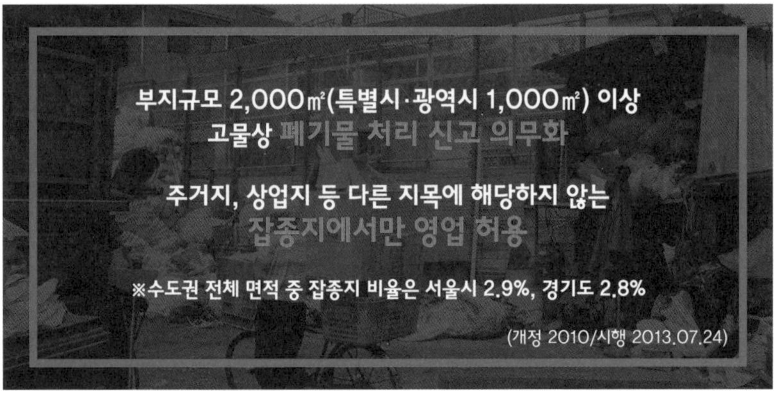

물업은 친환경적이면서 경제성도 갖춘 사업이었다. 특별한 기술이 없는 노인이 '쏠쏠한 벌이'를 챙길 수 있는 실버 복지의 성격도 갖고 있었다. 고물상들은 거리에 쌓인 폐기물들을 깨끗이 치워줬고 폐지·스티로폼·플라스틱·고철 등을 한데 모아 원료로 재생산했다. 그러면서 매달 수천만 원의 현금 다발을 만질 수도 있었다. 그러나 장기간의 경기침체로 인한 고철값 하락, 주거·상업 지역에서의 영업 금지를 주된 내용으로 하는 '폐기물관리법 개정안' 등은 자본주의와 환경주의의 단단한 결합에 금을 내기 시작했다.

상황이 이렇다 보니 고물업계에서도 다른 수익 분야 창출을 위해 고심 중이다. 지난해 전국 고물상이 모여 '한국고물상협회'를 발족하고 모바일 앱 개발을 시작했다. 기존 자원재생분야의 모바일 판로 개척뿐 아니라 창고·사무실·식당 등의 폐업정리를 전담해 가치 있는 물건들을 사고파는 유통채널을 구축하기 위해서다. 임기택 한국고물상협회장은 "고철 시장보다는 모바일로 폐기물 수거 신청을 받아 쓸 만한 물건을 되파는 사업이 앞으로 발전 가능성이 더 높다고 보고 앱을 개발하게 됐다"고 설명했다.

이 대표 역시 예전 같지 않은 고물산업에 새로운 가치를 더해 자신만의 수익 창구를 개척했다. 그의 벌이가 궁금했다.

"굉장해요. 일반인들이 생각하는 것 이상으로!"

빈티지 익스플로러 전 그의 직업은 쌀가게 직원. 쌀을 팔며 얻는 수입이 점점 줄어드는 데 비해 취미 삼아 가게 한 귀퉁이에 모아둔 옛 물건을 사겠다는 사람이 꽤 많았다. 빈티지 고물이 '신세계'일 수 있겠다 싶었고, 10년 전 아예 그 시장으로 업을 바꿨다.

쓰레기 더미에서 보물을 찾아내기만 하면 다음은 부르는 게 값이다. 고물상에서 다이얼을 돌리는 방식의 옛 전화기를 만 원에 사오면 열 배의 웃돈을 얹은 가격에 이를 되팔 수 있다.

"만약 이 전화기에 동전을 넣을 수 있는 구멍이 있다면 시세가 얼마일 것 같아요? 색깔만 특이해도 100만 원은 받아요."

원석의 가치를 알아보는 방법

그렇다고 누구나 이 대표처럼 매출을 올릴 수 있을 거라 생각한다면 오산이다. 일을 본격적으로 시작하기 전 쌀가게에서 일하면서도 그는 공부를 게을리하지 않았다. 청계천 벼룩시장을 누비며 가격을 조사하고, 어떤 물건이 잘 팔리는지 연구했다.

"특히 돈이 되는 전자기기 같은 경우에는 기본지식이 없으면 그 가치를 절대 알아볼 수 없어요."

아닌 게 아니라 고조선빈티지에는 유난히 전자·음향기기가 많다. 아마추어 무선사 자격증을 보유한 그는 방송장비에도 해박한 지식을 갖

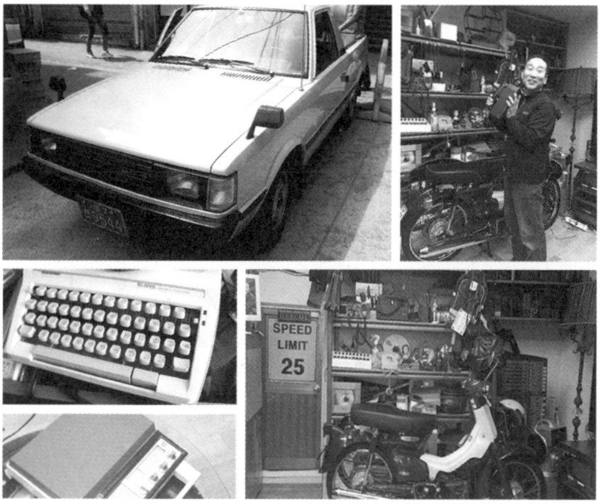

고물의 제 가치를 알아보는 '빈티지 익스플로러'

고 있었다. 1년에 한두 번씩 여의도의 한 방송국에서 대량으로 고물상에 폐기물을 방출하는데, 여기서 쏟아져 나오는 고가 장비들의 제 가치를 알아볼 수 있는 업자는 몇 안 된다는 게 이 대표의 말이다.

이 대표는 고물 줍는 노인들에게 웃돈을 주고 물건을 사올 때 가장 보람차다고 말한다. 고물의 가치를 어르신들과 나누는 기쁨이 크다는 것이다. 그러나 주변의 시선은 그의 삶을 '보람 있게', '가치 있게' 보려 하지 않는다. '고물장수' 하면 우리가 생각하는 편견이 그러하다. 그런 시선에 대해 그는 말한다.

"제 아들, 딸에게도 늘 얘기해요. 아빠가 고물장사한다고 당당하게 말하라고. 고물업이 멋지다고 생각하니까요. 건강이 허락하는 한 평생 이 일만 하고 싶어요."

07

한 사람만을 위한 특별한 수제화를 만들어 드립니다

정석규 | 수제화소상공인협동조합 이사장

1984년의 한 유명 초콜릿 광고. 14살 까까머리 소년의 표정이 익살스럽다. 성인이 돼서도 그는 연기를 계속했다. 대중들에게 잘 알려지지 않은 단역 배우지만 꽤 많은 드라마·연극에서 그의 익살 표정은 전매특허가 됐다. 연기에 무료해질 즈음 벼락처럼 행운이 찾아왔고, 그 경험은 그의 두 번째 직업이 됐다. 연기에 온몸을 던졌던 젊은 시절의 그 열정을 담아 '한 사람만을 위한 수제화'를 판매하고 있는 정석규 수제화소상공인협동조합 이사장이 그 주인공이다.

서울 은평구 녹번역 4번 출구에 위치한 수제화소상공인협동조합. 일반 구두점에선 볼 수 없는 보행 측정기가 가게 한쪽 구석을 차지하고 있다. 모양은 러닝머신을 빼닮았지만 기능은 좀 더 특별하다. 고객이 그 위를 걸으면 발의 형태나 균형 상태, 보폭의 특징 등 걸음걸이의 모든 것을 컴퓨터로 측정해준다. 한 사람의 발에 꼭 맞는 '당신만을 위한 특별한 수제화'는 그렇게 만들어진다.

"소상공인진흥공단에 협동조합을 지원해주는 제도가 있다는 것을 우연히 신문을 보고 알았어요. 이 지원을 계기로 수천만 원 상당의 보행 측정기, 족압기 등을 들여놓을 수 있었죠. 사실 독일이나 홍콩 같은 곳에선 이런 정보기술 기계들이 일반적인데, 우리나라에선 거의 최초로 저희가 들여놨죠."

정 이사장은 아역 시절부터 연기를 경험한 '잔뼈 굵은' 배우 출신이다. 유명세를 타진 않았지만 최근에도 KBS 드라마 〈우리 집 꿀단지〉, SBS 드라마 〈대박〉 등에 얼굴을 내비쳤다. 그런 그가 수제화를 팔게 됐던 건 우연한 경험이 계기가 됐다.

"동생이 작은 신발 회사의 웹디자이너였는데, 그 업체가 어려워지면서 일을 그만두게 됐어요. 그때 퇴직금 명목으로 받은 게 구두 1,000족이었죠. 그즈음 저도 비는 시간이 많아 동생과 함께 온라인 쇼핑몰을 열고 이걸 팔기 시작했는데 생각보다 장사가 매우 잘 됐어요. 그렇게 번 돈으로 구두를 더 떼다가 팔기 시작하면서 자연스럽게 창업을 하게 됐죠."

구두를 제작하는 사람과
판매하는 사람,
사는 사람 모두가
만족할 만한 지점이
없을까 고민하게 됐죠.

인터뷰 보러 가기

성수동 수제화 공장 수

종사자 수

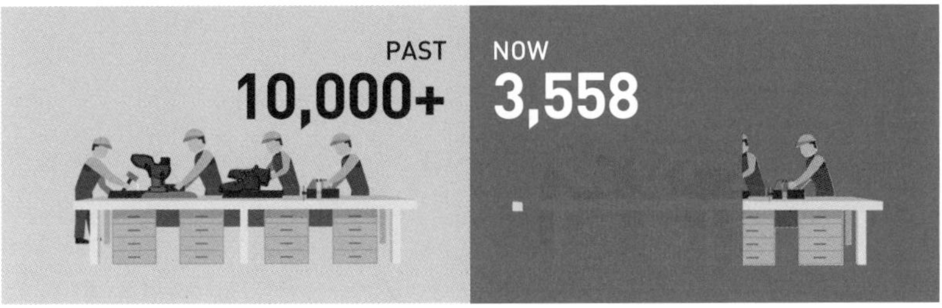

창업을 한 첫해 그는 연매출 6억 원을 올렸다. 전혀 예상치 못한 대박을 거둔 정 이사장. 그런데 마냥 기뻐할 수 없었다.

"구두 판매를 하면서 자연스레 그 산업을 들여다볼 수 있었는데, 공장에서 근무하는 분들의 환경이 너무 열악하더라고요. 저에게 구두를 납품했던 업체 사장님이 망하기도 했고요. 구두를 제작하는 사람과 판매하는 사람, 사는 사람 모두가 만족할 만한 지점이 없을까 고민하게 됐죠."

그가 내린 답은 '한 사람만을 위한 수제화'였다. 고객의 건강을 고려하는 '1인 맞춤형 구두 제작'은 기성화나 일반 수제화보다 부가가치가 높고, 소비자의 만족도를 높일 수도 있었다.

정 이사장은 모임을 통해 알고 지내던 수제화 산업 관계자들을 규합했다. 신발 특허 80여 개를 가진 대학 교수와 특수 맞춤 교정용 신발을 제작하는 업체 대표, 생체 역학을 연구하는 의지보조사와 회계사, 마케팅 담당자 등 6명이 모여 '수제화소상공인협동조합'을 꾸렸다.

"국내 수제화산업의 집산지인 성수동엔 공장주들로만 구성된 동업종 협동조합이 꽤 있는데, 서로 경쟁관계다 보니 협동이 잘 안 되더라고요. 그래서 우린 서로 다른 이업종으로 구성을 했어요. 사업이 아주 크게 성공을 하진 못했지만 우리만의 공통의 목적은 있어요. 열악한 조건에서 고생하는 도급 장인들의 근로 환경을 개선해보고자 하는 마음은 조합원들이 다 가지고 있죠."

소상공인시장 성공사례로 선정되다

'한 사람만을 위한 수제화'라는 모토 속에 탄생한 구두는 협동조합 모델 아래 보다 적은 비용으로 더 높은 가치를 만들어냈다. 이 구두를 만든 장인들은 성수동의 다른 장인들에 비해 최대 3배 많은 공임을 받는다. 이처럼 공공성이 담보된 사업 모델은 공공의 주목을 받았다. 2015년에는 서울시가 주목하는 12가지 협동조합으로 뽑혔고, 중소기업청·소상공인진흥공단이 선정하는 '모범소상공인', '2014 소상공인 시장 성공사례'로 선정됐다.

"구두가 사양산업인 건 분명하죠. 그렇다고 그 기술을 마냥 외국에 의존할 수만은 없지 않습니까? 예전 기능 올림픽이 있었을 당시 우리나라 장인들이 높은 순위를 석권하다시피 했잖아요. 지금도 국내 도급 장인들의 손재주는 어디 내놔도 부족하지 않을

구두 장인들의 터전, 수제화 거리의 역사

정도로 좋은 편입니다. 이 기술을 어떻게 하면 특화시킬 수 있을지 고민이 필요한 것 같습니다. 저희는 그게 건강이라는 개념을 구두에 녹이는 것이었죠."

'슈피터', 유망 직종 될 수 있어

구두를 판매하는 일 역시 단순 권유에 머물러선 안 된다. 외국에선 꽤 일반화된 '슈피터(Shoes+Fitting, 발 측정 전문가)'로서의 전문성을 키워나

'슈피터'란?

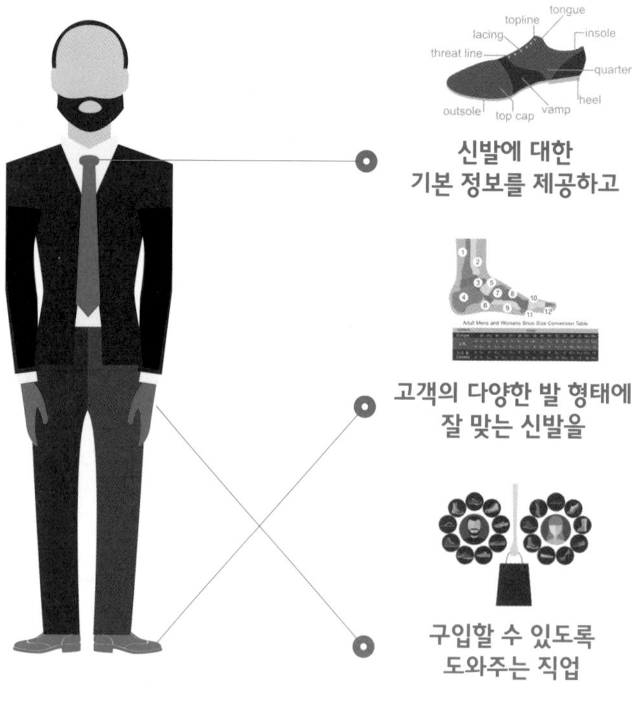

가면 괜찮은 직업 구하기 어려운 요즘 시대에 유망 직종이 될 수 있다.

"작년에 애플이 10대 전망 산업으로 '신발'을 선정했어요. 치기공사와 비슷한 족부 기공사란 새로운 직업이 나와 각광을 받고 있기도 하고요. 개인의 특성에 맞게 어떤 구두를 선택해 어떻게 신어야 하는지, 치수는 어떻게 해야 하는지 등을 전문적으로 조언해주는 '슈피터'가 우리나라에도 일반화되는 때가 곧 올 겁니다."

인터뷰 중간중간 천성인 배우 기질이 튀어나왔다. 그 풍부한 표정 속엔 30년 전 까까머리 소년의 익살스런 모습도 담겨 있었다. 단역 배우로서의 삶도, 슈피터로서의 삶도 정 이사장은 즐겁게, 익살스럽게 해내고 있는 것처럼 보였다.

08 개미투자자 위해 '그림책 같은' 금융 서비스를 제공합니다

박재준 | 앤톡 대표

급하게 들른 공중 화장실 안에서 용변을 해결하고 있는 A씨. 문틈 너머로 흘러 들어온 대화를 우연히 엿듣는다.

"B산업 다니는 친구 녀석에게 들었는데 그 회사 며칠 전에 수출이 대박 났대. 아는 사람만 아는 일이라 지금 그 주식을 안 사면 평생 후회할 거라는데 말이야."

자신이 왜 아랫배에 힘을 주고 있는지도 잊은 A씨. 어느새 스마트폰의 주식 매매 앱을 켜고 있는 스스로를 발견한다. 볼일을 보면서도 주식 거래를 할 수 있는 요즘을 "참으로 편리한 세상이구나" 감탄하며

B산업 주식을 사들인다. 며칠 후면 그렇게 손쉽게 사들인 주식이 날개 없이 추락하는 모습을 지켜봐야 할 테고, 그래서 그런 식으로 주식을 샀던 걸 뼈저리게 후회할 것이란 사실도 모른 채.

안타깝게도 이런 류의 허무맹랑한 주식 투자 사례가 우리 주변에 넘쳐난다. 이 글을 읽는 본인이 그런 영웅담(?) 하나쯤 가지고 있거나. 옷 한 벌 고르는 일엔 수 시간씩 쓰는 걸 주저하지 않으면서 주식에 수백만 원 투자하는 건 순식간에 '게 눈 감추듯' 해치워버리는 우리의 못된(?) 버릇은 어디에서부터 비롯된 걸까.

그림책처럼 쉬운 증권 정보를 제공하는 핀테크 스타트업

개미투자자들의 이런 잘못된 투자 행태가 금융세계의 높은 언어

앤톡이란?

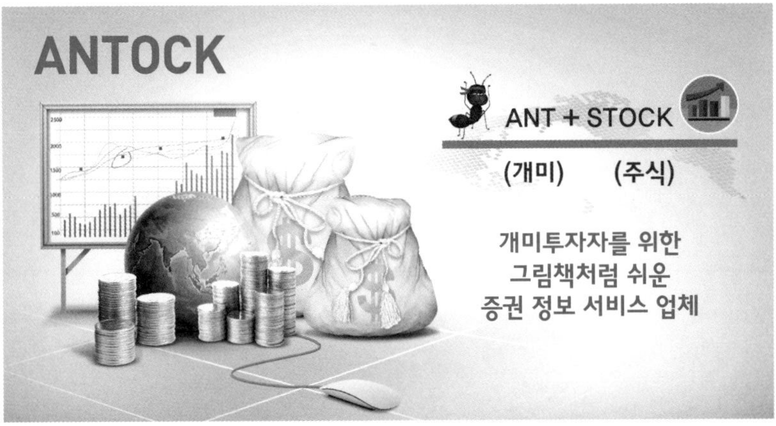

금융·증권 정보가
그림책처럼 쉽고
재미있다면 적어도
지금보단 더 많이
기업 재무제표를 검토해서
투자를 하지 않을까요.

인터뷰 보러 가기

장벽 때문이라고 말하는 핀테크FinTech 스타트업이 있다. 그래서 이런 개미투자자들에게 그림책처럼 쉬운 증권 정보를 제공하겠다는 기업, '앤톡Antock'이다.

앤톡은 국내 증시에 상장된 기업들의 재무제표 등 주가 주요 변수를 자동으로 분석해 해당 주식의 건강 상태를 확인할 수 있는 서비스('기업 건강 진단' 혹은 '앤톡 MRI')를 개인투자자들에게 '무료'로 제공하고 있다. 앤톡이란 기업명은 개인투자자를 상징하는 개미의 영어 단어 '앤트Ant'와 주식을 의미하는 '스톡Stock'의 합성어다.

앤톡은 개미투자자들의 이른바 '묻지마 투자'를 사업의 출발점으로 삼고 있다. 기업에 대한 최소한의 검토와 분석 없이 검증되지 않은 정보, 심지어는 '육감'에만 기대는 투자 습관이 개미투자자들을 실패의 늪에서 허우적거리게 만들고 있다고 앤톡은 지적한다.

> "창업 전에 외국계 컨설팅 회사에서 금융권을 상대로 전략 컨설팅을 담당했었는데요. 당시 지인으로부터 '누군가에게 정보를 듣고 투자를 했는데, 주식이 급락했다. 도대체 왜 그러느냐'라는 전화를 굉장히 많이 받았어요. 그래서 여러 지표를 살펴보니 절대 투자해선 안 되는 기업이더라고요. 왜 그런 위험한 투자를 할까 하는 의문이 있었죠."

국내 개인투자자들의 행태가 진짜 그러할까? 2013년 중앙대학교 신문방송대학원의 한 석사논문(「스마트미디어 이용자의 주식 투자 행태에 관

개인투자자들이 주식 투자 시 정보 취득 창구

(서울 지역 주식투자자 288명 설문)

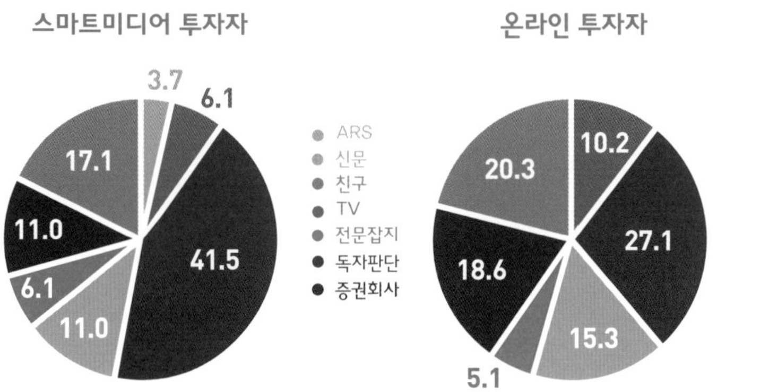

단위: %

자료: 스마트미디어 이용자의 주식 투자 행태에 관한 연구(2013)

한 연구-개인투자자 분석을 중심으로」)에 따르면 온라인을 활용한 개인 주식 투자자가 매수 종목을 선정하는 데 가장 주요한 원천으로 삼는 건 '독자적 판단(27.1%)'과 '친구(20.3%)'인 것으로 나타났다. 이는 스마트폰의 대중화로 다양한 주식 정보를 보다 손쉽게 접할 수 있는 상황에서도 큰 차이가 없었다. 스마트미디어를 활용한 투자자 역시 '독자적 판단(41.5%)'이나 '친구(17.1%)' 추천에 기대 주식 투자를 한다는 응답이 가장 많았다.

반면 개인들의 투자 대척점에 서 있는 외국인·기관투자자들은 일반인에게 공개되지 않은 고급 정보를 여러 경로를 통해 수시로 공급받는다. 이러한 정보 비대칭성의 결과는 치명적이다.

2013년 국민대학교의 한 박사논문(「한국 주식시장에서 개인투자자의 투자 행태가 주가에 미치는 영향에 관한 연구」)은 "개인투자자는 정보에 기반한 매매보다 이벤트에 따라 발생하는 일시적인 정보 노출에 따라 주식을 매수하거나 매도한다"며 "기업 규모가 작고, 수익성이 매우 떨어지며 부채비율이 높은 종목을 주 거래 대상으로 삼는 것으로 나타났다"고 설명했다.

다만 이 문제를 바라보는 앤톡의 접근법은 기존의 방식과 조금 다르다. 개인들의 '묻지마 투자'를 한 사람의 '성향' 문제로 치부하는 통상적 관점 대신 금융·증권업계가 오랫동안 방치해온 병폐에 주목한다. 더 자세히 말하면 그 산업에서 별다른 고민 없이 사용해온 전문 용어, 일반인들로선 이해하기 버거운 지표들의 난립이 개인투자자들의 정보 접근성을 현저히 떨어뜨리고 있다고 앤톡은 지적한다.

"사람들이 기본적인 정보조차 검토하지 않는 이유가 단순히 게을러서, 귀찮아서일까? 오히려 금융정보 자체가 너무 어렵고 방대한 데다 지루하기까지 해서 사람들이 다가가지 않는 건 아닐까 하는 생각이 들었어요. 만약 금융·증권 정보가 그림책처럼 쉽고 재미있다면 적어도 지금보단 더 많이 기업 재무제표를 검토해서 투자를 하지 않을까 하는 문제의식이 저희 사업의 시작이었죠"

그래서 앤톡은 복잡한 주식 투자 지표, 어려운 기업 재무제표 등을 '알기 쉽게', '보기 쉽게' 재구성했다. 자기자본이익률ROE, EBITA이익률 등 일반인에겐 난해하기 짝이 없는 금융지표 40개를 안정성·수익성·성장성 등 9개 영역으로 '알기 쉽게' 갈무리한 뒤, 이 정보를 투자자들이 '보기 쉽게' 그래픽 등으로 시각화했다.

앤톡이 분석하는 데이터는 금융감독원의 기업 공시 정보 및 정부 3.0이 제공하는 금융 정보 등으로, 분석 대상 기업은 스팩SPAC(기업인수목적회사), 상장지수펀드ETF 등 금융상품을 제외한 코스피·코스닥 상장사 1,800곳에 이른다. 사실상 국내 증시에 상장된 기업 전체를 분석하는 셈인데, 이렇게 가공된 주식 투자 정보를 개미투자자들에게 '무상' 제공하는 곳은 앤톡이 유일하다. 다만 재무제표 구성이 다른 금융업계(은행·보험·증권 등)는 분석 대상에서 제외했다.

앤톡이 이 같은 주식 진단 서비스(앤톡 MRI 서비스)를 공식 출시한 건 2016년 7월. 박 대표가 군 복무 시절 친구이자 증권업계에서 차트 프로그램을 개발하던 전병주 이사를 최고기술경영자CTO로, 친동생인 박영준 이사를 최고마케팅경영자CMO로 영입, 함께 회사를 꾸린 지 1년 반만의 일이다.

"제한된 인원과 자원으로 일하다 보니 생각보다 서비스 출시가 오래 걸렸어요. 특히 금융 쪽을 다루다 보니 데이터의 신뢰도나 정확성이 상당히 중요한데 저희들이 분석 대상으로 삼은 공시 자료 등 주요 데이터들의 양식이 다 달라서 처음에 이것을 일일이 세팅하는 데 시간이 오래 걸렸죠. 서비스 자체에 대한 완성도를 올리려다 보니 론칭이 계속 늦춰졌어요."

앤톡은 지금의 MRI 서비스 외에 좋은 주식을 직접 발굴해주는 앤톡 스크리너Screener 서비스를 추가 출시할 예정이며, 이 같은 솔루션 및 노하우를 국내 증권업계에 판매(B2B 사업 모델)해 수익을 창출한다는 계획이다.

"금융세계에 쳐 있는 높은 언어장벽을 깨뜨려 대중들이 좀 더 쉽게 이해할 수 있는 주식 정보를 전달하고 싶다"는 앤톡. 그래서 이들이 내세우고 있는 모토는 '개인투자자를 위한, 그림책처럼 쉬운 증권 정보'다.

09

한국 너무 사랑해 '韓 알리기'를 業으로 삼다

마리 프레넷·코리 메이 | 코리아큐레이티드닷컴 공동대표

캐나다 로키산맥의 설경雪景과 함께한 2년. 더 넓은 세상을 보고 싶다는 마음이 가득했던 그때, 고향으로 가는 비행기에서 우연히 만난 이에게 불쑥 "영어권이 아닌 나라에서 살아보고 싶은데, 아는 곳이 있느냐"고 물었다. '부산' 그리고 '제주'를 그날 처음 알았다. 그로부터 3개월 후 어감이 더 좋았던 곳, '제주'행 비행기에 몸을 실었다.

이렇게 한국 땅을 처음 밟은 게 2006년, 스물네 살 때의 일이다. 그로부터 꼭 10년이 지난 2016년 한여름. 한국인보다 한국을 더 사랑해 이 나라를 널리 알리는 일을 업業으로 삼고 있는 캐나다 출신 여성 마리 프레넷Marie Evelyn Frenette과 신랑 코리 메이Cory May를 만났다.

디스커버리 박스로 한국을 소개하다

이들 부부의 사무실이 위치한 서울 용산의 청년창업플러스센터. 지난 한 달간 본인들이 엄선한 '한국적인 상품'들을 신발 박스 크기의 갈색 '디스커버리 박스DISCOVERY BOX'에 담고 있다. 이 박스들은 두 사람이 운영하는 '코리아큐레이티드닷컴(www.koreacurated.com)'의 전 세계 회원들에게 배송된다. 이렇게 이들은 한 달에 한 번씩 자기 회원들에게 박스를 보내 '한국을 소개(Korea curated)'하는 일을 한다.

이들이 디스커버리 박스를 전 세계에 배송하기 시작한 건 2016년 1월. 소셜미디어 및 블로그 등의 바이럴마케팅과 글로벌 비영리단체와의 협력 등 자연적 홍보를 통해 회원을 늘리고 있다. 이렇게 확보된 전 세계 18개 국가의 '한국 마니아'들은 이들 부부가 '발견DISCOVERY'해 '박스BOX'로 보낸 '한국스러운 물건'을 통해 새로운 한국을 경험하고 느낀다. 디스커버리 박스에 담기는 한국스러운 물건은 뭘까.

"오감**五感**으로 한국을 느낄 수 있는 것들을 찾고 있어요. 한국과 관련한 책이나 DVD, CD 등과 함께 중소기업이나 인디 제품들, 사회적 가치를 담은 사업을 하고 있는 것들의 제품을 주로 고르죠."

백문이 불여일견. 2016년 7월 배송된 '디스커버리 박스'를 살펴보자. 순수 한국산 재료로 만들어져 대한민국 대표 모던 엿이란 설명이 붙은 '엿츠미니', 카카오 캐릭터가 포장지에 담긴 더페이스샵의 마스

국제적인 사람이
되고 싶어
한국에 왔는데,
어느덧 '한국 스토커'가
돼 있더라고요.

인터뷰 보러 가기

2016년 7월 디스커버리 박스 구성

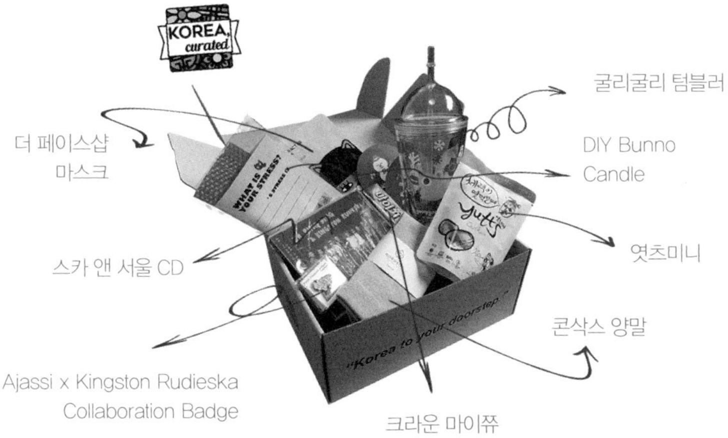

크 제품, 친환경 옥수수 소재로 양말을 만들어 노숙인 등 사회적 약자를 지원하는 착한양말업체 '콘삭스'의 양말 등이 디스커버리 박스에 실린 '한국스러운 물건'들이다.

한 달에 한 번씩 회원들에게 보내는 이 디스커버리 박스 외에 이들의 한국 알리기 활동은 유튜브에서 더 자주 확인할 수 있다. 이들 예비부부의 이름을 딴 '코리 앤 마리Cory & Marie' 채널을 통해 대한민국 곳곳의 풍경과 음식 등 한국 문화를 소개한다. 일찌감치 미국으로 이민 온 한국인 어머니를 위해 지난 2013년부터 코리 대표가 만들기 시작한 영상이 스멀스멀 입소문을 타더니 어느새 구독자 3만 명의 유명한 한국 소개 채널이 됐다.

"1997년 한국을 떠난 어머니께 보여드리려고 한국의 변화된 모습을 카메라로 담기 시작했는데 이 비디오를 시청하는 사람들이 점점 늘더라고요. 마리를 만난 이후엔 채널 이름을 '코리 앤 마리'로 바꿔 함께 운영하고 있죠."

이들의 한국 사랑은 우연으로 시작해 필연이 됐다. 캐나다에서 창업을 전공했고, 언젠간 해외를 무대로 자기 사업을 해보고 싶다는 꿈을 가졌던 마리 프레넷 대표지만 그 무대가 한국일 줄은 본인도 몰랐단다. 스물여섯 살 때 비행기 안에서 우연히 만난 여성이 아니었다면 아시아의 조그마한 반도 땅을 '제2의 조국'으로 삼을 일이 없었을 것이라고 그녀는 말한다.

"대학 졸업 후 2년간 살았던 로키산맥에서 동쪽에 있는 고향으로 가는 비행기에서 우연히 알게 된 여자에게 물어봤어요. '비영어권 국가에서 1년 정도 살아보고 싶은데 추천하고픈 나라가 있느냐'고요. 부산과 제주를 추천받았는데, 그런 도시가 있다는 걸 그때 처음 알았어요."

딱 1년만 살겠다 했던 한국, 제2의 조국이 되다

그로부터 3개월 후 제주행 비행기에 오른 마리 프레넷 대표. 딱 1년만 살아보자던 한국 생활이 2016년 벌써 10년째다. 그 사이 미국 출신의 또 다른 '한국 성애자' 코리를 만났고, 둘은 남은 반평생을 함께하자는 가약을 2016년 8월 맺었다.

"제주에 살 때 사람들이 저를 더 많이 챙겨주려 한다는 것을 처음 느꼈어요. 그게 뭔지 몰랐는데 나중에 보니까 '정情'이라는 단어가 있더라고요. 그 단어를 듣자마자 '아, 이거구나' 싶었죠. 다른 나라에 살면서 국제적인 사람이 되고 싶어 한국에 왔는데, 어느덧 '한국 스토커'가 돼 있더라고요. (한국인보다) 더 한국적인 사람이 된 것 같아요."

법무부의 출입국 통계 연보에 따르면 2015년 기준 국내에 체류 중인 외국인은 189만 9,519명(불법 체류자 21만 명 제외)으로 전년 대비 5.7%나 늘었다. 이를 포함, 5년간 매년 9% 가까운 증가세를 보이며 '외국인 체류 200만 시대'를 눈앞에 두고 있다. 다만 이 중 조선족을 포함한 중국인이 50.3%로 절반을 차지하는 등 저숙련 노동자의 유입이 대다수로, 프레넷 대표처럼 '외국인의 국내 창업'으로 이어지는 사례는 흔치 않다.

외국인으로서는 비자 취득 등 국내에 사업체를 내기 위해 필요한 법적 구비 요건을 갖추기가 쉽지 않다. 프레넷 대표 역시 한국에서 꼬박 7년을 보낸 2013년에야 현재의 'F-2 점수제 비자'를 취득할 수 있었다. 더욱 넘기 힘든 산은 한국에서 사업할 때 반드시 필요하다는 이른바 '3연(학연·지연·혈연)'의 부재.

국내 체류 외국인 국적별 비율·증가 추이

(2015년 법무부 발표 기준)

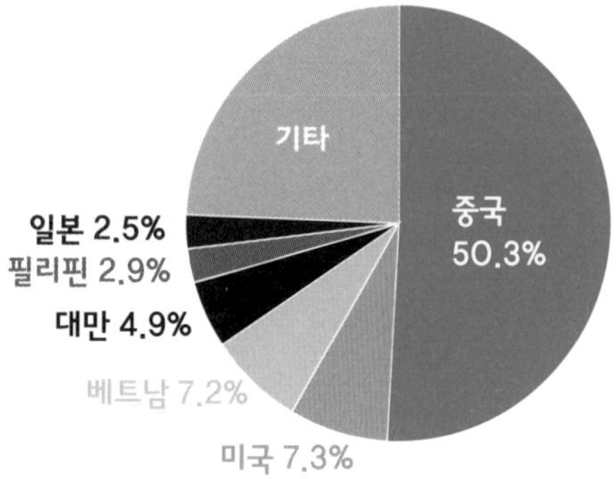

"한국에서 학교를 다니지 않았다는 게 단점일 수 있는데, 이런 네트워킹이 없으니까 더 열심히 저와 맞는 사람을 만나려고 노력했던 것 같아요. 이 밖에 정부에서 지원하는 좋은 사업이 많은데 아무래도 외국인이다 보니 서류 작업을 하는 게 쉽지 않죠."

외국인이라서 감내해야 하는 이런저런 불편함을 이겨내고, 한국을 알리는 일을 업으로 삼은 마리와 코리 대표. 지금의 디스커버리 박스 판매 및 유튜브 채널 운영 외에 또 다른 사업을 구상하고 있다. 생명과학을 통한 친환경 육류대체식품을 개발하는 소셜 벤처를 뜻이 맞는 국내외 관계자들과 함께 추진 중이다.

한국에서만 느낄 수 있는 정이 좋아 이젠 한국 외의 삶을 상상조차 할 수 없다는 두 부부. 이들에게 던진 "한국에서 사업한 걸 후회하지 않느냐"라는 우문**愚問**이 현답**賢答**으로 되돌아왔다.

"후회요? 이게 제 인생인데 왜 후회하나요. 제가 사랑하는 나라에서 사랑하는 사람과 창업한 건데 후회할 게 뭐가 있겠어요."

(마리 프레넷 대표)

"(법적으로) 미국인이지만 미국을 한 번도 집으로 생각한 적이 없었어요. 한국에 있을 때가 훨씬 편안한 것 같아요. 여기가 제 집이라고 생각해요."

(코리 메이 대표)

10

'미완의 땅' VR 콘텐츠 시장에 맨손으로 뛰어들다

임건영 | 팀와스드 대표

몇 해 전, '구글어스Google Earth로 세계여행 하기'가 유행한 적이 있었다. 가보고 싶은 명소를 위성사진 서비스인 구글어스로 클릭하며 '집에 앉아서 세계여행 하는' 기분을 만끽하는 게 이 디지털 탐험의 매력.

그러나 이 '손가락 세계 탐험'에는 한 가지 아쉬운 점이 있었다. 들여다보고 싶은 곳을 아무리 클릭해봐도 결국 '움직이는 건' 그 손가락뿐이라는 것. 구글어스는 '동영상'이 아닌 '사진' 서비스이기 때문에 현장의 생동감을 오롯이 담아내는 덴 한계가 있었다. 만약 굉음을 내며 수직 낙하하는 나이아가라 폭포와 이를 지켜보는 사람들의 놀라운 표정 변화를 한 화면으로 볼 수 있다면? 디지털 여행자는 더욱더 생생한

탐험에 몰입할 수 있을 테다.

실감나는 가상 체험에 대한 인간의 이 같은 열망을 충족시키고자 가상현실(VR, Virtual Reality) 시장에 맨손으로 뛰어든 젊은 PD들이 있다. 2016년 7월의 어느 무더운 여름날 360도 영상을 활용한 VR 콘텐츠 제작 기업 '팀와스드Teamwasd'를 만났다.

팀와스드는 2015년 방송제작사 '두런미디어'의 임건영 대표, 박진병 팀장, 이현철, 이승기, 양서윤 PD가 모여 만든 360도 VR 영상전문 제작업체다. 온라인 게임의 앞·왼·뒤·오른쪽 방향키인 'W', 'A', 'S', 'D'를 조합해 기업 이름을 지었다.

현재 VR 콘텐츠 제작 시장이 과거에 3D 영상을 주로 제작하던 이들을 중심으로 형성돼 있는 것과 달리 팀와스드는 2D 방송에 전문성을 보유한 현직 PD들로 구성돼 있다. 360도 VR 영상이 대체 무엇이기에 이 PD들은 잘 만들던 방송 프로그램을 접어두고 '맨땅에 헤딩' 하듯 뛰어들었을까.

VR 시장의 '플랑크톤', 360도 영상 콘텐츠

360도 VR 영상은 요즘 가장 핫한 영상 콘텐츠 형식 가운데 하나다. 이용자가 마우스나 손가락으로 화면을 터치하면 360도 전 방향을 시청할 수 있다. 나이아가라 폭포의 굉음 섞인 수직 낙하와 이를 넋 놓고 바라보고 있는 관광객들의 얼굴 변화를 집에 앉아 체험할 수 있다는 얘기다. 이런 디지털 여행뿐 아니라 광고, 뮤직비디오, 스튜디오 방송,

컨퍼런스 등 360도 영상의 활용법은 무궁무진하다.
그러다 보니 유튜브와 페이스북, 아프리카TV 등 국내외 영상 유통 플랫폼 업체들은 서둘러 360도 영상을 업로드하고 감상할 수 있는 서비스를 마련했다. 삼성전자·LG전자·고프로GoPro 등 주요 카메라 제작 업체들도 360도 전용 카메라를 앞다퉈 내놓고 있다. 360도 영상이 이제 막 꽃피기 시작한 VR 시장에 핵심 영양분을 공급하는 플랑크톤 역할을 하고 있다고 해도 과언이 아닐 정도다.

'팀와스드'가 VR 콘텐츠를 제작하기로 마음먹은 건 이 같은 트렌드의 흐름을 발 빠르게 읽은 덕분이다.

> "저희는 영상을 다루는 사람들이기 때문에 문화 흐름에 민감해요. 사실 따지고 보면 저희도 후발주자이긴 하지만 외국 기업들의 움직임, 영상 트렌드의 흐름을 봤을 때 '더 늦으면 안 되겠다'는 판단을 했고 그래서 작년에 팀와스드를 꾸리게 됐죠." (임 대표)

360도 영상은 어떻게 만들어질까

어떤 콘텐츠든 가장 먼저 꼼꼼한 기획 단계를 거쳐야 한다. 360도 영상도 마찬가지다. '어차피 360도가 다 담기는데 현장에 가서 카메라만 세워두고 있으면 되는 것 아닌가' 하는 의문이 들지만 팀와스드의 생각은 다르다.

외국 기업들의 움직임,
영상 트렌드의 흐름을
봤을 때 '더 늦으면
안 되겠다'는 판단을
했고 그래서 작년에
팀와스드를 꾸리게 됐죠.

인터뷰 보러 가기

사방을 바라보게 배치한 카메라로 촬영해 만드는 360도 VR 영상

"요즘 가장 많이 나오는 VR 콘텐츠가 여행지 풍경 스케치 같은 것들인데 이런 콘텐츠는 딱히 기획이나 연출이 없더라도 벌어지는 상황만 잡아내면 되는 거거든요. (반면) 저희는 아무래도 기획과 연출에 능한 PD들이다 보니 '영상에 반드시 이야기가 있어야 한다'는 생각이 강해요. 하다못해 풍경을 찍더라도 기승전결이 있는 콘텐츠를 만들죠. 이런 기획들이 저희만의 차별점이 아닐까 싶어요." (박 팀장)

아이템 선정과 아이디어 회의 등을 거치고 나면 실제 촬영에 들어간다. 360도 영상을 만들기 위해선 여러 대의 카메라가 필요하다.

대부분 고프로나 레드RED 사의 카메라를 사방을 바라보게 배치해

영상을 찍는다. 카메라 한 대에 렌즈가 여러 개 달린 360도 영상용 카메라가 시중에 나오고 있지만 이것들은 하나의 이미지를 360도로 보이게 늘려야 하고, 이 때문에 해상도가 떨어져 전문가용으로는 적합하지 않다.

박 팀장은 현재 VR 기술을 '과도기'라고 표현했다. 촬영 장비나 소프트웨어의 수준이 완벽하지 않다는 것.

> "특히 DSLR이 아니라 고프로로 촬영을 해야 하다 보니 콘텐츠의 질이 떨어지죠. 2016년 말쯤이면 시장에서 원하는 화질을 구현할 수 있는 장비들이 나오지 않을까 예상하고 있어요."

> "촬영에 익숙한 사람들이 모였음에도 불구하고 처음에 시행착오를 굉장히 많이 겪었어요. 2D 촬영과 다르기도 하고 (VR 촬영과 관련한) 정보를 얻기도 힘들었거든요. 교육기관이나 인력양성 과

정이 없었으니까. 어떤 업체에서는 기술 배우는 데 하루에 150만 원씩 내라고 하더라고요. 그래서 저희끼리 스터디를 진행했어요. 무작정 현장에 나가서 촬영도 많이 해보고. 그야말로 '맨땅에 헤딩' 하면서 하나하나 배웠던 거죠." (임 대표)

360도 영상은 촬영뿐 아니라 편집 작업도 일반 2D 영상보다 복잡하다. 먼저 각각의 카메라에 담긴 서로 다른 각도의 영상을 하나로 이어 붙여주는 '스티칭' 작업이 필요하다. 이 과정에서 공간이 왜곡돼 보이는 이음매가 생기는데 360도 영상 편집 툴로 왜곡 현상을 바로 잡아주는 추가 작업도 필요하다. 필요에 따라 자막이나 사진, 2D 영상, 3D 그래픽 등을 추가하면 영상이 완성된다.

360도 영상 편집이 어려운 이유는 또 있다. 기존 2D 영상의 경우 계산된 앵글과 화면 전환 등을 통해 제작자의 의도를 자연스럽게 전달할 수 있다. 반면 360도 영상은 시청자가 언제든 다른 시점으로 화면을 돌릴 수 있기 때문에 360도 모두를 고려해야 한다.

"시청자가 어디를 보고 있든 스토리를 따라올 수 있게끔 만드는 게 어려웠어요. 더군다나 저희는 방송국 출신이기 때문에 원래 가지고 있던 편집 프레임을 깨는 게 가장 힘들었죠. 그런데 360도 영상은 시청자가 같은 콘텐츠를 반복해서 봐도 새로운 의미를 찾을 수 있게 만드는 매력이 있더라고요." (임 대표)

VR 전담 팀을 꾸린 지 1년. '죽었다 생각하고 1년만 부딪혀보자'며 시작했던 팀와스드는 이제 '새로운 시도'로 유명한 전문업체가 됐다. 2015년엔 충청남도와 함께 유네스코에 등재된 백제 역사유적지구를 증강현실(AR, Augmented Reality) 기술과 접목해 360도 영상으로 제작했고, 20대 총선에선 한 국회의원 후보자 개소식을 이례적으로 VR 영상으로 담아내 주목을 받았다.

"현재 VR 시장은 기획과 연출에 특화된 사람들이 콘텐츠를 생산하는 구조가 아니에요. 하지만 저희는 아이디어와 기획, 연출의 힘을 믿어요. 결국엔 이런 것들이 누가 살아남느냐에 있어 기준점이 되지 않을까 생각해요." (박 팀장)

'미완'의 가상현실 세계, '완성'의 키워드는 '킬러 콘텐츠'

아직 '미완'의 영역인 가상현실 시장은 급격히 발전하며 그 규모를 키워가고 있다. 2016년 영국의 투자은행IB 디지캐피털은 4년 후 세계 VR 시장이 지금보다 30배 이상 커질 것으로 전망했다.

"현재 VR 콘텐츠 시장은 청동기에서 철기로 넘어가는 단계라고 봐요. 사용자의 눈높이와 기대치는 철기에 와 있는데 장비나 기술은 청동기 수준인 거죠. 기술 혁신이 이뤄져 수요와 공급의 수준이 맞춰지면 시장이 커질 거라고 생각해요. 그런 계산에 밝은 미국이나 중국, 인도에서 VR에 대한 공격적인 투자와 연구가 이뤄지는 걸 보면 알 수 있죠. 분명히 돈이 될 거고 뛰어들어 볼 만한 시장이에요." (박 팀장)

글로벌 시장뿐 아니라 국내에서도 VR 콘텐츠 사업을 선점하려는 경쟁은 갈수록 치열해지고 있다. 이동통신 3사는 360도 영상을 미래 성장 사업이라 판단, 적극적으로 서비스를 준비 중이다. 특히 S사의 경우 3,200억 원 규모의 콘텐츠 펀드를 조성, 그 가운데 상당 금액을 VR 콘텐츠에 투자하겠다고 2016년 2월 발표하기도 했다. 삼성전자는 카메라뿐 아니라 콘텐츠 제작과 플랫폼 사업에도 400억 원 가까이 투자했다.

정부 또한 2016년 7월 VR 산업을 육성하기 위해 400억 원 규모의 펀드를 조성하겠다는 계획을 발표했다. 이를 통해 오는 2020년까지 연 매출 10억 원 이상의 VR 전문 기업 50개를 육성하겠다는 목표다.

세계 VR 시장 전망

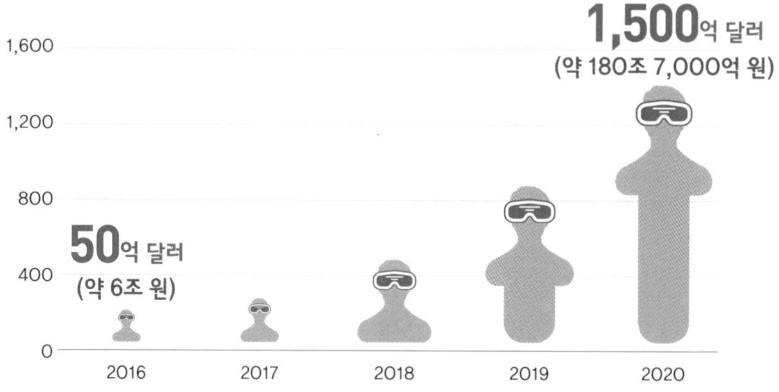

국내 VR 산업 투자 활성화·육성 계획

VR 신시장 창출 및 확산
VR 선도 프로젝트(투자 600억 원), VR 융·복합 콘텐츠 신시장 창출
핵심 기술개발 및 표준 특허 선정

VR 거점조성 및 글로벌 역량 강화
VR 거점 조성
글로벌 진출 확대
평창올림픽 계기 글로벌 확산

추진 전략

생태계 기반 조성
VR 전문 펀드 조성(400억 원),
기술 세제 혜택,
안전한 이용환경 및 개발자
네트워킹, 법·제도 개선

목표

2020년까지 **VR 전문기업** 50개 육성
연 매출액 10억 원 이상 또는 **글로벌 유통 콘텐츠 5종** 이상 보유한 기업

정부는 과거 8,000억 원가량 쏟아부은 3D TV 육성사업에서 실패의 쓴맛을 봤다. 이 전철을 밟지 않으려면 어떻게 해야 할까. 전문가들은 콘텐츠가 부족해 시장이 활성화되지 않은 3D TV 시장 실패를 반면교사로 삼아야 한다고 한 목소리로 말한다.

"VR 시장은 분명 3D TV와 다른 길을 걸을 수 있을 것이라고 생각해요. VR은 집에서 안경 쓰고 봐야 하는 3D TV와 달리 스마트폰으로도 체험이 가능하기 때문에 사용 범위 자체가 다르죠. 우리나라에서도 미국이나 중국처럼 VR 콘텐츠가 돈이 되는 콘텐츠라는 것을 인식하고 아낌없이 투자해줬으면 좋겠어요." (임 대표)

11
먹태에 가맥 한 잔 어떠세요?

박지호 | 거북이슈퍼 대표

긴 겨울과 짧은 봄이 지나간 자리를 여름의 태양이 무덥게 채운 5월 중순. 종로3가역 4번 출구의 계단을 밟고 오르니 '서울에 이런 곳이 있었나' 싶은 거리가 펼쳐진다. 둘이서 나란히 걸으면 꽉 차는 좁은 골목. 옆집 수저 소리도 들릴 법하게 오밀조밀 붙은 한옥들. 20세기 언젠가쯤에 시간이 멈춘 듯한 마을을 거닐다 보니 목이 타온다. 시원한 맥주 한 잔이 간절해질 때쯤 슈퍼마켓 하나가 눈앞에 나타났다. 그 이름처럼 느릿느릿 시간이 흘러갈 것 같은 곳. 바로 '거북이슈퍼'다.

시간이 '거북거북' 가는 익선동, 주인도 안주도 손님도 느릿느릿

슈퍼 초입, 자연스럽게 허물어진 담벼락 너머 맥주 상자들이 가득이다. '가맥 맥주 먹태 커피'라고 쓰인 입간판이 가게 소개를 대신한다. '가게 맥주'의 준말인 '가맥'은 예전 슈퍼마켓 앞에서 동네 어르신들이 저녁에 맥주 한 잔씩 하던 추억 속 문화다. 옛날 동네 구멍가게들이 편의점으로 대체되며 '편맥(편의점 맥주)'에 자리를 내준 '가맥'. 거북이슈퍼는 시간이 '거북거북' 가는 듯한 종로 익선동에서 맥주 한 모금 할 수 있는 '가맥' 슈퍼인 게다.

냉장고에 가득 들어 있는 국산 맥주를 꺼내와 자리에 앉으면 1970~1980년대 'OB맥주'의 로고가 박힌 잔과 1993년 출시가 중단된 '크라운 맥주' 병따개를 내준다. 맥주 한 모금 하며 느긋하게 기다리고 있으면 가게 앞 작은 마당에서 '먹태'를 굽는 연탄 연기가 모락모락 올라온다.

먹태는 황태를 만드는 과정에서 날씨가 포근해져 미처 다시 얼지 못한 명태를 부르는 말이다. 속은 노랗지만 껍질이 거무스름해 '먹태'라는 이름이 붙었다. 바짝 얼지 않아 살이 촉촉하고 쫀득해 맥주 안주로 제격인 먹태는 거북이슈퍼에서도 손님들이 가장 많이 찾는 메뉴다.

안주도 나왔으니 본격적으로 즐겨보자. 거품 뽀글뽀글 올라오는 차가운 맥주를 한입에 털어 넣고 먹태를 쭉 찢어 입에 넣으니 '캬' 소리가 절로 나온다. 창밖으로 고개를 돌리면 정겨운 골목길에 사람들이 느릿느릿 발걸음을 옮기고 있다. 동네 어귀에 '가맥집' 하나쯤은 꼭 있

서울에
'내 고향' 같은,
그런 정겨운 가게를
만들고 싶었죠.

인터뷰 보러 가기

었던 1970년 대한민국의 골목길이 꼭 이랬을 것 같다.

거북이슈퍼의 주인은 가게 이름처럼 말투가 느릿느릿한 충청도 커플이다. 거기서도 편의점 하나 없는 외진 시골에서 나고 자랐다.

"간판도 없는 슈퍼 앞에서 아주머니가 안주를 내어주면 할아버지들이 술 한 잔씩 하시는 모습이 그리웠어요. 서울에 '내 고향' 같은, 그런 정겨운 가게를 만들고 싶었죠."

박지호 거북이슈퍼 대표는 2014년 취업차 상경했다가 바쁜 서울 생활에 금세 지쳐버렸고, 마음의 여유를 찾고 싶어 지난해 슈퍼마켓을 열었다고 했다. 신서영 공동대표 역시 비슷한 마음이었다.

"우연히 종로 익선동에 놀러갔는데 포근하고 고향 같은 느낌에 위로를 많이 받았어요. 여기서 느낀 감동과 위로를 다른 사람들과 함께하면 좋겠다 싶었죠."

'가맥집' 콘셉트에 맞게 옛 정취를 살리다

두 사람은 가게를 열 때부터 일부러 타깃을 정하지 않았다고 했다. 참새가 지나가다 방앗간에 들러 쌀 한 톨 주워 먹고 가듯 편하게 젊은이들부터 연세 드신 분들까지 부담 없이 방문하는 슈퍼를 만들고 싶었다. 실제 거북이슈퍼를 찾는 손님들은 기존 번화가와 다른 색다른

거북이슈퍼가 위치한 익선동

분위기를 즐기고 싶어하는 20대부터 향수에 이끌려 찾아오는 노년층까지 다양하다. 익선동 골목 주민들은 생필품을 사는 '동네 슈퍼'로 이용하기도 한다.

가맥집이라는 콘셉트에 맞게 거북이슈퍼는 옛 정취를 최대한 살렸다. 70년대 조그마한 담배 가게를 연상케 하는 작은 창문과 한옥의 서까래·기둥도 그대로다. 무엇보다 익선동이 좋아서 동네에 머물게 된 그들은 익선동만이 가진 동네의 친근한 모습을 훼손하지 않기 위해 노력한다. 그렇게 거북이슈퍼는 '원래 익선동에 있던 슈퍼' 같은 모습으로 완성됐다.

한 번 온 손님이 다른 손님들과 함께 가게를 다시 들를 때 가장 보람을 느낀다는 두 사람. 두 사람이 바라는 것은 이곳을 지나쳐 간 손님들이 나중에 거북이슈퍼가 없어지면 아쉬워할 수 있는 그런 가게가 되는 것. 딱 이 한 가지다.

12
‘못 웃기는’ 개그맨에서 ‘소통테이너’로 인생 2막을 살다

오종철 | 재미웍스 대표

어려서부터 ‘까부는 일’에만 골몰하던 소년이 있었다. 학창 시절엔 텔레비전 속 코미디 쇼에 정신을 빼앗겼고, 군 복무 중엔 부대 내 행사를 도맡으며 개그맨의 꿈을 키웠다.

스물다섯, 그토록 원하던 개그맨이 됐지만 공개적인 자리에서 남을 웃기는 건 만만치 않은 일이었다. 개그 무대에서 번번이 외면당하던 그는 결국 자신만의 무대를 개척하기로 결심했다. ‘못 웃기는 개그맨’에서 ‘소통테이너’라는 직업을 창직**創職**해 인생 2막을 열어가고 있는 오종철 ‘재미웍스’ 대표의 이야기다.

못 웃기는 개그맨 오종철

오 대표는 1996년 SBS 5기 공채 개그맨으로 대중들 앞에 섰다. 모두가 부러워하는 직업을 갖게 됐지만 현실은 녹록지 않았다. 김준호·지상렬·강성범·심현섭 등 쟁쟁한 동기들을 뚫고 자신을 돋보이게 하는 일이 쉽지 않았다. 코미디 쇼보단 아침 시간대 교양 프로그램의 보조 진행자나 리포터로 간간이 카메라 앞에 섰지만 이마저도 불러주는 곳은 많지 않았다.

긴 무명 생활엔 입사 1년도 안 돼 터진 아시아 외환위기도 한몫했다. 가끔 지역이나 기업 행사 진행일이 들어왔지만 생계를 꾸리기엔 충분치 않았다. 그래서 오 대표는 청계천 복원사업 현장 등에서 일용직 노동을 하며 무명 시절을 버텼다고 한다.

그러던 중 지난 2008년 3월 오 대표에게도 기회가 찾아왔다. EBS에서 라디오 교양 프로그램 진행자로 섭외된 것. 그가 맡은 '직장인 성공시대'는 유명 저자나 강연자, 기업가 등이 나오는 직장인 자기계발 프로그램이었다.

"오후 1시부터 방송되는 1시간짜리 프로그램이었어요. 그런데 워낙 경쟁이 치열하던 황금시간대라서 제가 시작할 때 청취율이 0.0%였어요. 집계 자체가 안 되는 거죠. 6개월 뒤 개편 때에도 살아남으려면 뭔가 실험적인 것을 시도해야 한다는 생각이 들었어요."

'개그맨 오종철'이 아니라
나만의 새로운 브랜드로
새 삶을 시작하고
싶었죠.

인터뷰 보러 가기

청취율을 높이려면 '청취자도 고객'이란 비즈니스 마인드가 필요하다고 생각했던 오 대표. 강남의 한 대형 서점으로 달려갔다. 경제·경영 코너에서 제목에 '고객'이란 단어가 들어간 책은 모조리 훑었다. '고객'을 '청취자'로 바꾸면 저조한 청취율에 대한 해결책을 찾을 수 있을 거란 생각에서다.

노력은 결실로 돌아왔다. 집계가 불가능할 정도였던 청취율은 점점 오르기 시작했고, 프로그램은 '대한민국 성공시대'로 간판을 바꾸며 낮 12시부터 오후 2시로 확대 편성됐다. 하지만 오 대표는 진행 3년 만인 2011년 승승장구하던 프로그램에서 하차해야 했다.

"개편 일주일 전에 하차 통보를 받았기 때문에 처음에는 정말 황당했어요. 딱히 하차 이유도 알려주지 않았고요. 세상은 열심히 하면 된다고 말하잖아요. 그 누구보다 열심히, 분명히 열심히 했는데도 안 된 이유가 무엇인지 생각해봤어요."

'소통테이너' 창직으로 인생 2막을 열다

고민 끝에 내린 결론은 '개그맨 오종철'로서의 삶을 버리는 것. 틀에 박힌 무대나 프로그램에 출연하는 식의 개그맨으로서의 삶은 방송국 임원진이나 실무자의 입김에서 자유로울 수 없다고 생각했다. 오 대표는 '뭘 하든지 열심히 하자'는 마음가짐만 남기고 나머지는 다 바꾸기로 결심했다.

"내가 원하는 대로 주도적으로 살고 싶었는데 '개그맨 오종철'로서는 직접 결정할 수 있는 부분이 많지 않았어요. '개그맨 오종철'이 아니라 나만의 새로운 브랜드로 새 삶을 시작하고 싶었죠."

오 대표의 인생 2막은 '소통테이너(소통+엔터테이너)'라는 이름으로 시작됐다. 개그 무대에서 벗어나 좀 더 자유롭게 대중과 소통할 수 있는 즐거움을 찾고 싶다는 바람을 담아 오 대표가 직접 직업을 만들어냈다. 오 대표는 특허청에 '소통테이너' 상표 등록까지 하며 다짐을 굳혔다.

마침 당시는 '토크 콘서트' 바람이 대중문화의 새로운 유행처럼 등장하던 시절. 정치권부터 대학가까지 곳곳에서 이어지는 토크 열풍에 오 대표도 동참했다. 라디오 진행자 시절 유명한 저자들을 두루 만난 덕에 강연 품질은 자신 있었다. 토크 콘서트 첫 회는 '아프니까 청춘이다'의 저자 김난도 서울대 교수의 강연으로 진행됐다. 200석 공연장에 400여 명이 몰려들 정도로 흥행에 성공했다.

"원래는 그 공연장을 섭외하려고 몇 개월 동안 매일같이 찾아가서 부탁했었어요. 설득이 잘 안 되더라고요. 그런데 첫 공연에서 객석이 꽉 차니까 공연장 관계자들의 반응이 달라졌어요. 그 자리에서만 2년 8개월 동안 콘서트를 이어나갈 수 있었죠."

첫 강연의 성공 덕에 이후 '소통테이너 오종철'의 인생 2막도 더욱

풍성해졌다. 자기계발 강사로 알려지며 기업에 초빙돼 강연하기도 하고, '꼴통쇼(꼴찌들의 통쾌한 승리)', '나꿈소(나의 꿈을 소리치다)', '모나콘(모발나눔콘서트)' 등 직접 주최·기획하는 프로그램도 여럿이다.

인생 후반전 잘 뛰기 위한 '29금 학교'

오 대표는 최근 또래 직장인들을 위한 '은퇴 아카데미'도 시작했다. '29금 학교'란 이름의 오프라인 교육 플랫폼으로, 30·40대 직장인들이 은퇴 10년 전부터 미리 준비할 수 있도록 돕는 곳이다. 재테크 전문가가 부동산 투자 노하우를 전수하는 '세바다', 출판기획편집자에게 책 쓰는 법을 배우는 '책내바라', 예비창업가에게 영업 기술을 가르쳐주는 '컴온바디' 등의 수업이 진행 중이다.

"제가 지금 마흔다섯인데, 이제 겨우 전반전만 마무리한 거예요. 인생의 남은 후반전도 전반전만큼 잘 뛰어야 하는데, 직장인 중엔 막연하게 '은퇴 직전에 준비하면 돼'라며 안이하게 생각하는 분들이 있는 것 같아서 안타까워요. 미리 제대로 잘 뛸 준비를 해야 실패 확률이 줄어든다고 봐요."

온 열정을 다 쏟아부으면 당신도 세계 최고가 될 수 있어요

개그맨에서 강연자, 책 저자, 회사 대표, 그리고 세 아들의 아빠까

'29금 학교'에서 진행되는 수업들

지. 1인 5역으로 인생의 두 번째 무대를 채워가고 있는 오 대표의 최종 목표는 무엇일까.

"저는 딱 지금처럼만 살고 싶어요. 개그 무대에 서진 못하지만 계속 도전하면서, 내 손에 주도권을 쥐고서 최선을 다해 살고 있다는 게 정말 행복해요. 내 인생의 결정권을 내가 가지고 있으니까 아무리 바빠도 웃으면서 일할 수 있어요."

2011년 1월 13일 오 대표가 진행했던 라디오의 클로징 멘트엔 이런 말이 나온다.

"집안이 좋지 않아도, 명문대를 안 나왔어도, 좋은 회사에 입사하지 못했고, 외모가 멋지지 않아도, 당신이 좋아하는 일에 온 열정을 다 쏟아부을 수만 있다면 당신도 세계 최고가 될 수 있다."

Case Study 2

Social Venture

가치 있는 생각이 비즈니스를 만나다

2

01
부모 손 놓친 우리 아이들을 '함께' 찾아요

문석민 | 리니어블 대표

집을 나선 남자의 발걸음이 가볍다. 상을 준다기에 별생각 없이 찾아갔을 뿐, 사람들의 오열을 목도할 줄은 전혀 예상치 못했다. 그날 이후 남자는 자기가 하는 일에 무거운 책임감을 더했다.

미아방지용 스마트밴드를 만드는 '리니어블**Lineable**'의 문석민 대표의 마음가짐을 송두리째 바꿔놓은 날은 2015년 5월 25일. 서울 광화문 광장 일대에서 열린 '제9회 실종아동의 날' 행사에 참석하면서다. 자신이 만든 '리니어블'을 기부했다는 이유로 초록우산어린이재단이 준 감사패를 받는 자리에서 그는 장기 실종아동을 둔 부모들을 만났다.

아이 잃은 부모의
오열을 본 뒤
내가 하는 일의
가치와 목표를 분명하게
세울 수 있게 됐죠.

인터뷰 보러 가기

실종아동의 가족 얘기가 담긴 다큐멘터리를 지켜보며 통곡하는 그들. 2년 가까이 미아방지 제품을 만들어왔지만 실종아동과 그 가족들의 절박한 마음을 얼마나 헤아려봤는지 되돌아보는 계기가 됐다.

"진짜 아무 생각이 없이 간 게 부끄러웠어요. 행사장에서 눈물을 쏟으시는 부모들을 보고 나서 비로소 내 일의 가치와 목적을 깨닫게 됐죠."

창업 위해 삼성 때려치다

국내 굴지의 대기업 삼성전자 엔지니어 출신의 문 대표. 회사를 그만둔 뒤 국내 기업들을 대상으로 신사업 컨설팅을 해주는 사업을 벌였지만 성공하지 못했다. 그런 그가 미아방지용 스마트 밴드를 만들기로 결심한 건 지난 2013년. 이미 관련 시장이 형성돼 있었지만 본인이 더 잘 만들 수 있겠다, 그래서 돈을 잘 벌 수 있겠다 싶었다.

리니어블은 블루투스 기반의 '비콘beacon'(근거리 위치 정보를 인식하는 무선 센서) 기술을 활용한다. 밴드를 찬 아이가 스마트폰을 든 부모와 일정 거리 이상 떨어지면 애플리케이션으로 '이탈 알람'을 보내 아이의 실종을 막을 수 있도록 해준다. 리니어블이 다른 미아방지용 제품과 다른 점은 여기에 '크라우드소싱 위성항법장치GPS' 기술이 더해졌다는 점. 이 덕분에 '리니어블' 앱 사용자 모두는 밴드를 착용한 아동이 근처에 있다는 사실을 알게 되고, 이 위치 정보를 아이 부모에게 알려

주변 사람을 활용해 아이를 찾는 리니어블

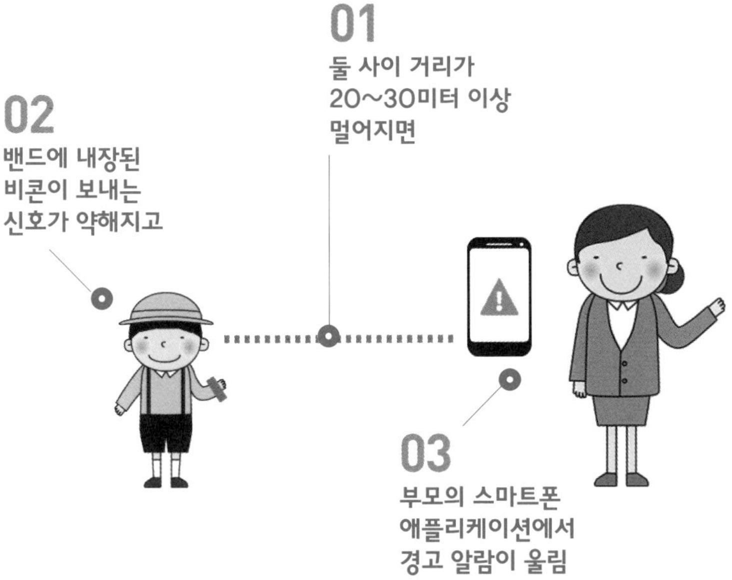

다른 부모의 스마트폰을 기지국처럼 활용해 아이의 마지막 위치를
파악할 수 있는 '크라우드소싱 GPS' 기능

줘 보다 쉽게 아이를 찾을 수 있게 해준다. 다른 밴드가 '아이를 잃었다'는 사실을 전하는 데에만 초점을 맞췄다면 리니어블은 주변 사람의 힘을 빌려 '아이를 찾을 수 있는 기능'이 추가된 것.

이 같은 기술 차별성 덕분에 리니어블은 사업 초기부터 순풍에 돛을 달았다. 제품 출시 전인 2014년 11월 미국의 크라우드펀딩 사이트 '인디고고'를 통해 8,000여 대의 선주문을 받았다. 국내 크라우드펀딩 사이트 '와디즈'에서도 총 3,334만 원의 투자금을 유치했다. 북미 최대의 정보기술IT 매체 《테크크런치TechCrunch》를 비롯해 일본·중국·유럽 등 해외 언론의 호평이 이어지기도 했다.

문 대표는 창업 당시만 해도 리니어블이 가진 경제 외적 가치에 대해 크게 주목하지 않았다고 고백했다. 지난해 행사에서 아이 잃은 부모의 오열을 본 뒤 자신이 하는 일의 가치와 목표를 분명하게 세울 수 있게 됐다고 했다.

"아이가 실종되면 책임 문제로 감정의 골이 쌓여 부부가 이혼하는 경우도 많고, 어떤 분들은 아예 직업을 그만두고 생계를 포기하기도 해요. 아이 잃은 가족은 모든 게 무너지는 것이나 마찬가지죠."

리니어블은 최근 사업 영역을 늘렸다. 미아방지용 밴드의 흥행 이후 치매 환자나 자폐 아동을 위한 제품을 만들어달라는 요청이 빗발치면서 큰 사이즈의 스마트밴드를 새롭게 내놨다. 최근엔 경기남부경

찰청과 함께 치매 노인의 실종 문제를 해결하기 위한 캠페인의 일환으로 밴드를 무상 기부하기도 했다.

문 대표는 "리니어블이 아이를 보호하는 데 있어 가장 보편적인 솔루션이 되길 원한다"며 "가격 부담이 있다면 누군가는 구매를 포기할 텐데 미아 문제의 심각성을 감안하면 그런 일은 없어야 한다"고 말했다. 리니어블의 가격은 1대당 만 원 정도로 상대적으로 저렴한 편이다.

우리 아이들을 함께 지킵시다

경찰청 자료에 따르면 최근 3년간 국내 실종아동은 한 해 평균 2만 1,370건. 하루에만 59명가량의 아이들이 길을 잃는 셈인데, 이 가운데 10% 정도가 끝내 부모 품으로 돌아오지 못한다. 그렇게 10년 넘게 집을 돌아오지 못한 아이들이 현재 400명이 넘는다.

아동 실종 사건의 '골든타임'은 12시간. 이 시기를 놓치면 아이를 찾을 확률이 절반 밑으로 떨어진다. 이 골든타임에 아이를 좀 더 빨리 찾을 수 있도록, 주위의 여러 사람들을 '리니어블lineable'(선으로 연결)한 기업, 이 회사의 슬로건은 "우리 아이들을 '함께' 지킵시다"이다.

02
발달 장애인과 텃밭 일궈 돈을 벌어요

노순호 | 동구밭 대표

농업이 사회 변혁의 밑천으로 쓰이던 시절이 있었다. 우리는 그것을 '농활'이라 불렀는데, 사실 '농촌 활동'이라기보단 '정치 활동'에 더 가까웠다. 군홧발의 잔상이 사회를 짓이기는 때엔 돌멩이도 무기가 되는 법. 농사가 정치의 도구로 쓰였던 건 당연했다.

시간이 흘러 이제 농활은 농촌판 MT 정도로 가벼워졌다. 농업은 삭막한 빌딩으로 둘러싸인 도심 한복판에서 '텃밭'이란 이름의 힐링 도구로 재조명되고 있다. 그리고 여기, 발달 장애인과 도심 속 텃밭을 일구며 돈을 벌겠다는 한 소셜 벤처social venture가 있다. 발달장애인과 또래 비장애인을 매칭한 텃밭 커뮤니티를 운영하는 기업 '동구밭'이 그 주인공이다.

서울 용산의 노들텃밭에서 상추 수확 등에 나선 동구밭 지기들

마천루를 병풍 삼은 노들텃밭

2016년 5월 햇살 좋은 주말 오전의 노들섬. 옆으론 한강대교가 흐르고, 멀리선 63빌딩이 마주한 그곳에 호미와 삽을 든 무리들이 제법 모여들었다. 마천루를 병풍으로 삼은 '노들텃밭'에서 상추니 고추니 하는 것들을 기르며 경작의 가치를 익히거나, 혹은 그 주에 쌓인 스트레스를 풀러 온 도시인들이다. 수천 평에 이르는 제법 넓은 공간의 노들텃밭 가운데 '동구밭'이 일구는 땅은 약 30평 남짓. 이 작은 공간에서 발달 장애인 4명, 또래 비장애인 7명이 이물감 없이 어울려 상추니 고추니 하는 것들을 재배하고 있었다.

동구밭은 도심 농업을 활용해 발달 장애인의 사회성을 높이는 일

농경문화 시절엔
장애인이라는 개념이
없었다고 해요.
도심에서도 텃밭을 통해
그 점을 추구할 수
있다고 봤어요.

인터뷰 보러 가기

을 한다. 이를 위해 동구밭은 발달 장애인과 비장애인 봉사자들을 매칭시킨다. 이렇게 친구로 맺어진 텃밭 지기들은 주말에 3시간씩 모여 밭농사를 짓는다.

처음엔 부모 손에 이끌려 와 눈길도 마주치려 하지 않았던 발달 장애인들이 농작물 하나를 수확할 즈음이 되면 서로의 안부를 묻는 '친구', '지기'가 된다는 게 노순호 동구밭 대표의 얘기다.

> "처음 발달 장애인을 대할 땐 벽이 있는 느낌이었어요. 농사도 전혀 할 생각이 없어 보였고요. 그런데 몇 주가 지나더니 '이 애는 왜 안 와요?'라는 식의 질문도 하고, 낯가림도 어느덧 없어져 있더라고요."

동구밭이 운영하는 텃밭은 노들 지역을 포함해 총 17곳. 지난 2014년 강동구청의 지원으로 어렵게 첫 텃밭을 일군 뒤 2년 만에 이룬 성과다. 지금껏 100여 명의 발달 장애인들이 동구밭을 거치며 자기 안의 벽을 허물었고, 그 벽을 허무는 데 기여한 봉사자 수도 100명이 넘는다. 기존의 복지, 봉사 프로그램이 시혜적인 성격을 띠고 있는 데 반해 동구밭 활동은 서로가 주체적으로 참여해 구체적인 결과물(농산물)을 얻을 수 있다.

농사를 매개로 발달 장애인의 사회성 증진을 목표로 하는 '동구밭'

농사를 매개로 발달 장애인을 치유하다

농사를 매개로 한 발달 장애인 치유. 그 효과는 어떨까? 정부 통계에 따르면 고등학교를 졸업한 발달 장애인의 친구 숫자는 1.3~1.6명에 불과하다. 그나마 그중 한 명은 같은 장애를 가진 친구다. 반면 동구밭을 일구는 발달 장애인은 비장애인을 포함, 매주 10명가량의 또래와

말을 튼다. 이들의 가장 큰 장애인 '폐쇄성'을 극복하는 데 농사만큼 좋은 게 없다는 게 노 대표의 말이다. 실제 치유 목적의 농업이 가진 사회·경제적 가치는 1조 5,599억 원에 이른다는 농촌진흥원 연구 결과도 있다.

"농경문화 시절엔 장애인이라는 개념이 없었다고 해요. 농사를 짓는 일엔 자잘한 것도 많기 때문에 장애인들도 자연스럽게 제 몫을 할 수 있었고, 그래서 장애라는 개념이 필요 없었던 것이죠. 도심에서도 텃밭을 통해 그 점을 추구할 수 있다고 봤어요."

발달 장애인의 사회성 치유 기업, 동구밭. 명백히 공공성을 띤 소셜 벤처 기업이지만 '소셜'(사회적 기업) 못지않게 중요한 게 바로 '벤처'로서의 정체성이다. 혁신적 비즈니스 모델을 통해 돈을 버는 일도 잘해야 한다. 지속 가능한 사업체가 돼야 기업 본연의 목적을 계속 유지해나갈 수 있기 때문이다.

사회적 기업과 소셜 벤처

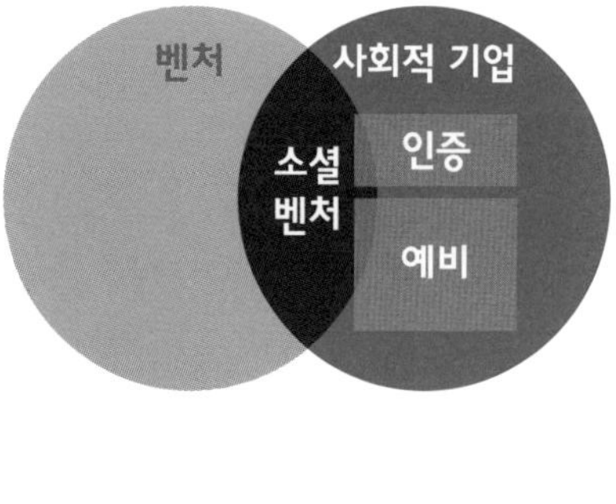

사회적 기업
사회적 가치 창출을 목적으로 한 기업(정부의 인증을 받았거나 예비 단계에 있는 기업들을 '사회적 기업'이라 칭하는 경우가 많음)

소셜 벤처
사회적 기업 가운데 혁신적이고 지속 가능한 경제 모델(벤처의 특성)을 추구하는 기업

"외부에서 보면 동구밭이 공익을 추구한다고 생각할 수 있지만 우리는 사익 추구에 초점을 맞추고 있어요. 기업이 사익을 추구하면서 공공선에 이바지하는 게 가장 좋은 비즈니스 모델이죠."

현재 동구밭의 주요 비즈니스 모델은 주말 텃밭 프로그램 및 이를 통한 교육 서비스 제공이다. 전체 운영비의 절반가량은 지방자치단체나 기업 등에서 부담하고, 나머지 절반을 프로그램에 참여하는 장애인이 부담하는 식이다. 장애인들의 프로그램 참여 비용은 회당 3만 원. 노 대표는 1년으로 치면 100만 원가량 되는 참가비를 절반 정도로 낮추는 것을 목표로 삼았다. 그러기 위해선 텃밭 확대 등 수익 모델의 다변화가 무엇보다 중요하다.

"현재는 생산물을 가공해서 비누를 만들어 파는 식의 부대사업을 진행하고 있어요. 2015년에는 첨단 농업의 도입을 추진한 적도 있고요. 우선은 기존의 교육 프로그램을 수도권 외 지방까지 확대하는 것에 주안점을 두고, 텃밭에서 나오는 부산물을 더 다양하게 활용하는 방안도 고민하고 있습니다."

다만 노 대표의 제1 가치이자 목표는 명확하다. '발달 장애인의 치유'라는 기업 본연의 목적을 훼손하지는 말자는 것이다.

"돈 좀 벌겠다고 수확량에 신경을 써 참가자들에게 농산물 재배에만 몰두하게 하면 서로 소통할 수 있는 시간은 그만큼 줄 테고, 그러면 동구밭의 존재 이유가 뒤바뀌는 우를 범할 수 있죠. 누군가가 '왜 프로그램의 참여 대상을 발달 장애인으로만 한정하느냐'라면서 새로운 제안을 한 적이 있는데, 이걸 거절한 이유도 똑같아요. 모든 것의 중심을 발달 장애인에 두고 고민을 하려고 해요."

보건복지부에 따르면 국내 발달 장애인(지적 장애인+자폐성 장애인) 수는 18만 3,336명(2011년 기준)에 달한다. 전담부서를 따로 둬 다양한 지

국내 발달 장애인 현황

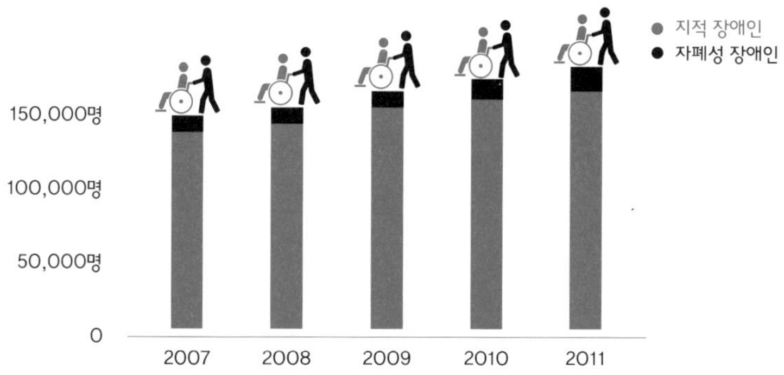

단위: 명

	2007	2008	2009	2010	2011
지적 장애인	142,589	146,898	154,953	161,249	167,479
자폐성 장애인	11,874	12,954	13,933	14,888	15,857
발달 장애인(지적+자폐)	154,463	159,852	168,886	176,137	183,336

자료: 보건복지부(2011)

원 프로그램을 운영하고 있는 미국과 달리 우리나라는 2015년 11월에야 비로소 발달 장애인을 대상으로 한 법이 처음 시행됐을 정도로 이 분야에 대한 관심이 부족하다. 권오형 중앙장애아동·발달장애인지원센터장은 최근 국회보 인터뷰에서 "그간 장애인 복지제도와 정책은 신체 장애인을 위주로 한 게 대부분이어서 발달 장애인은 사각지대에 놓여 있었던 게 사실"이라고 말했다.

지금껏 국가가 외면해온 장애 복지의 사각지대를 풀어보겠다고 나선 노 대표. 발달 장애인에 대한 정부나 기업의 관심이 높아지는 게 무엇보다 중요하다고 말한다.

"어느 한 주민센터의 옥상 텃밭이 비어 있다는 걸 알고 지자체를 찾아간 적 있는데, 우리 사업에 지원을 해줄 수 없다는 거예요. 왜 그러는지 알아보니 우리에게 텃밭을 내주면 지금껏 그걸 제대로 운영하지 않고 있었다는 게 들통이 나니까 '나 몰라라' 한 거죠. 기업들도 좀 더 관심을 가져주면 좋겠어요. 사회공헌 차원으로 일회성 행사에 수천만 원씩을 쓰잖아요. 그런데 우리는 발달 장애인 1명을 변화시키는 데 1년에 60만~70만 원 정도면 되거든요. 기업 입장에선 사실 돈이라고 할 수 없는 금액으로 의미 있는 사회공헌 활동을 할 수 있는 것이죠."

다시 노들텃밭 이야기

가벼운 간질 증상이 있는 승욱이가 초여름 부쩍 강해진 햇살을 이기지 못하고 텃밭에 쓰러진다. 옆에 있던 친구 호연이가 들고 있던 호미를 다른 친구에게 건네고, 승욱이 옆에 주저앉아 한 마디 한다. “이렇게 조금만 쉬어 있다가 같이 일어나볼까, 승욱아?” 호연이로부터 연장을 넘겨받은 또 다른 친구는 그 옆 지기를 보며 천연덕스레 한 마디 한다. “농땡이 그만 부리고 이제 일 좀 하지 친구?” 그래도 여전히 일할 생각이 없는 지기는 만사태평이고, 이를 흘겨보는 이는 한 명도 없다. 이 평화로운 풍경을 조마조마하며 지켜본 건 딱 하나, 필자뿐이었다.

03

걷는 것만으로도 사회에 도움이 될 수 있어요

한완희 | 빅워크 대표

통계청이 발표한 '2015 사회조사 결과'에 따르면 지난 1년간 기부해본 경험이 있는 사람은 대한민국 전체 인구의 29.9%. 국민 10명 가운데 7명가량이 단 한 번의 기부도 하지 않은 셈인데, 이는 경제협력개발기구OECD 회원국 평균(43.5%)에 한참 못 미치는 수치다.

왜 이런 결과가 나왔을까. 기부를 하지 않은 이들의 80%가 '경제적 여유가 없어서', '기부에 특별한 관심이 없어서'라고 답했다. 기부는 '돈 많은 사람이 특별한 관심이 있어 하는 것'이라는 생각이 깔려 있는 셈.

돈 없어도 기부할 수 있는 방법

여기 '돈 없이도, 특별한 관심이 없이도' 기부할 수 있는 방법을 내놓은 업체가 있다. 단지 '걷는 것'만으로 어려운 이웃을 도울 수 있도록 하는 소셜 벤처 '빅워크Bigwalk'가 주인공이다.

빅워크는 이용자의 걸음을 기부금으로 연결시키는 '모바일 사회공헌 플랫폼'이다. '빅워크' 애플리케이션을 스마트폰에 켜두면 위성위치확인시스템GPS이 이용자의 이동 거리를 측정, 10m마다 1 '눈noon'씩 기부 포인트가 쌓인다.

적립된 포인트는 사용자가 원하는 '모금통'(수혜처)에 현금이나 물품 형태로 전달되는데, 이에 따른 비용은 빅워크 후원 기업들이 사회공헌 활동의 일환으로 지원하고 있다.

공기업에서 홍보물 제작 디자이너로 근무했던 한완희 빅워크 대표. 디자인 재능 기부단체 '히읗' 설립에 참여한 것을 계기로 기부라는 '공적 가치'에 눈을 뜨게 됐다. 이후 우연히 하반신 절단 장애를 가진 친구를 알게 되면서 장애 문제에 관심을 갖게 됐고, 지난 2011년 '조금은 무모하게' 회사를 나와 소셜 벤처 창업에 돌입했다.

"아주 일상적인 행동으로 재미있게 사회에 공헌할 수 있는 방법을 찾고 싶었죠."

1년간의 준비 기간 끝에 이듬해인 2012년 4월 문을 연 빅워크. 사업 초기엔 사용자의 걸음으로 쌓인 기부금을 하반신 절단 장애 아동

아주 일상적인
행동으로 재미있게
사회에 공헌할 수 있는
방법을 찾고
싶었죠.

인터뷰 보러 가기

들을 위한 맞춤형 의족을 지원하는 데 주로 썼다. 그래서 사훈도 '걸음으로써 걷게 하자'로 지었다.

현재는 지원 대상을 대폭 늘려 소아암이나 심장병 환자, 소외계층 아동, 미혼모 등을 대상으로 한 기부 활동도 하고 있다. 대기업들이 임직원을 대상으로 진행하는 사내 기부 프로그램이나 지방자치단체의 오프라인 걷기 행사 등 다른 기관과의 연계 프로그램도 느는 추세다.

빅워크 앱의 여러 메뉴

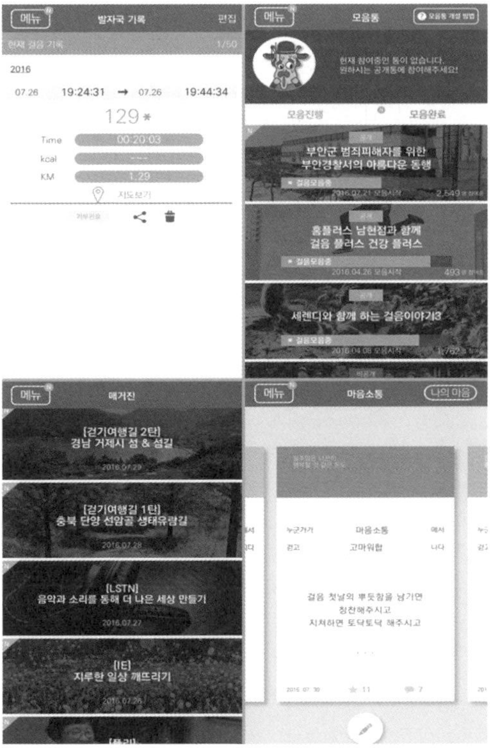

지난 1년간 한국인의 기부 경험

(만 13세 이상 3만 9,000명 대상)

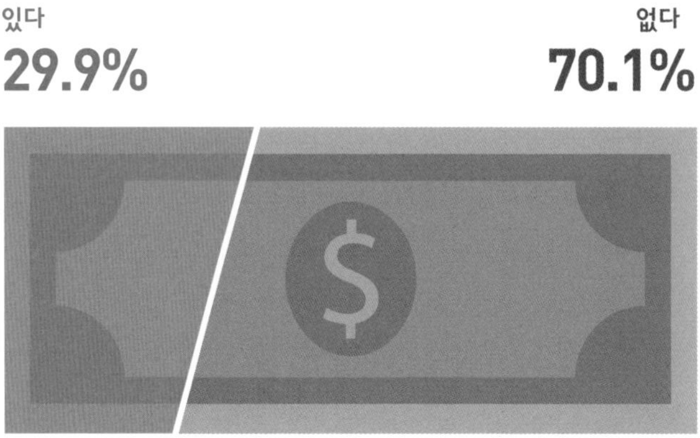

기부를 하지 않은 이유

(지난 1년간 기부 경험이 없다고 답한 응답자 대상)

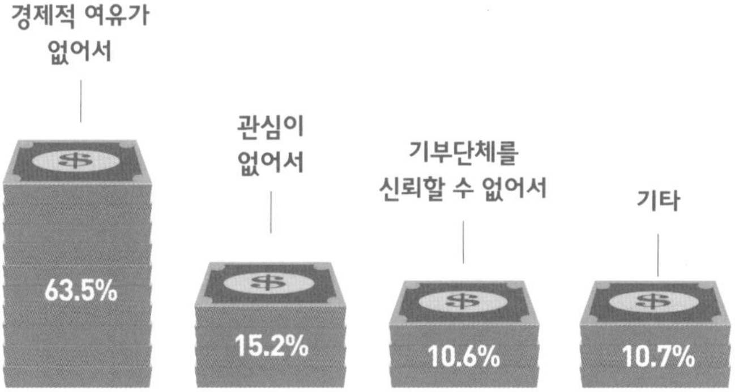

자료: 통계청, 2015년 사회조사 결과

기부의 보람에 재미를 더하다

빅워크 앱으로 단순히 기부활동만 할 수 있는 건 아니다. 기부donation의 보람에 재미fun를 더한 '퍼네이션'(fun+donation=Funation) 서비스를 지향하는 만큼 앱 곳곳에 재미 요소를 더했다. '발자국 기록' 메뉴에선 사용자가 이동한 거리와 경로를 일기처럼 기록할 수 있는 기능을 넣었고, 걷기를 통해 소모된 칼로리도 확인할 수 있다. 직접 찍은 사진과 짧은 글을 통해 다른 사용자들과 서로 이야기를 나눌 수 있는 '마음소통', 걸으며 쉽게 읽을 수 있는 '감성' 콘텐츠를 담은 앱 내 매거진 서비스 등도 제공한다.

빅워크 앱의 가입자는 2016년 8월 현재 66만 명. 지난 4년 동안 적립된 거리만 해도 총 617만 8,521km에 달한다. 지구를 154바퀴를 돈 것과 맞먹는 수치다. 올해 상반기에만 약 9억 원의 기부금이 도움의 손길을 필요로 하는 곳에 전달됐다.

"꼭 무엇인가를 내놓는 것이 아니라 위로의 한 마디, 행동 하나하나가 기부의 한 방식이 될 수 있다"고 말하는 한 대표. '빅워크'를 통해 대한민국의 기부 문화를 확장시키는 데 이바지하고 싶다는 바람을 드러냈다.

"누구든 더 좋은 사회, 더 좋은 세상을 위해 얼마든지 기여할 수 있어요. 한 명이 걷는 천 걸음보다 천 명이 같이 걷는 걸음 하나가 더 중요하지 않을까요."

04

같이 그린 그림 통해 지적 장애인의 자활을 돕다

최은호 | 같이걸을까 대표

흰 물감이 검은 캔버스 위를 종횡무진 가로지르며 뿌려져 있다. 어지럽게 흩뿌려진 모양새가 미국의 추상표현주의 화가 잭슨 폴락Jackson Pollock의 작품을 꼭 닮았다. 만화 캐릭터 '마징가 제트'가 등장하는 그림은 어떤가. 하나의 캐릭터를 판화처럼 찍어낸 모습이 유명 팝아트 작품을 연상시키지 않나.

지적 장애인 작가들과 아티스트 계약을 맺다

이 두 작품을 그린 김원제, 송정일 '작가'는 장애인보호시설에서 생활하는 지적 장애인들이다. 이들을 아티스트로 만들어 정식 작가로

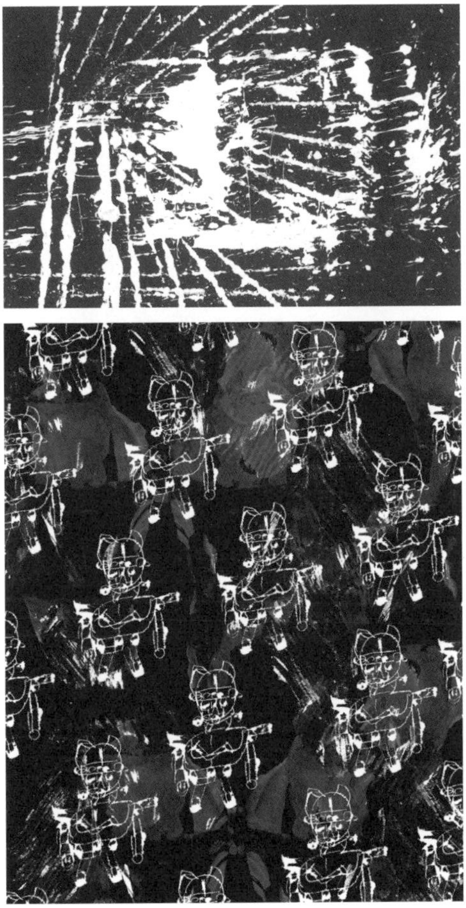

유명 팝아트 작품을 연상시키는 지적 장애인의 그림들

등단시킨 건 2015년 설립된 소셜 벤처 '같이걸을까'다.

지적 장애인 작가들의 미술 작품을 전시 및 판매하는 소셜 벤처 '같이걸을까'. 현재 정식으로 '아티스트 계약'을 맺은 작가 24명이 소속돼 있으며, 작품 판매에서 나온 수익은 모두 작가들에게 돌아간다. '같이

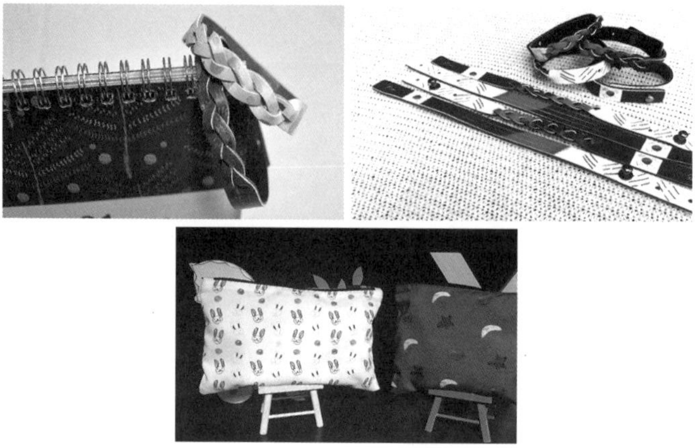

같이걸을까가 판매하는 제품들

걸을까'는 대신 작품 속 특정 패턴이나 캐릭터를 활용한 팔찌나 파우치, 엽서 등을 제작·판매해 수익을 얻고 있다.

최은호 같이걸을까 대표가 지적 장애인과 인연을 맺은 것은 지난 2009년. 인천 옹진군의 지적 장애인 거주시설인 '장봉혜림원'에서 사회복지사로 근무하게 되면서부터다. 최 대표는 이곳에서 50여 명의 지적 장애인들과 숙식을 같이했다. 그러면서 지적 장애인들의 경제적 자립이 얼마나 어려운 일인지 깨달았다고 한다.

"직업을 갖고 돈을 버는 일이 모두에게 어려운 과정이겠지만, 지적 장애인들에게는 특히 더 힘든 일이에요. 주로 정부가 보조하는 장애인 시설 등지에서 단순 작업을 하는 경우가 대부분인데, 한계가 있죠."

지적 장애인들도
자신들이 즐거워하는
일을 하면서 돈을
벌 수 있다면
얼마나 좋을까, 그걸
가능하게 만들고 싶다는
생각에 시작했죠.

인터뷰 보러 가기

현재 우리나라의 장애인 고용 정책은 크게 두 축으로 운영되고 있다. 장애인 의무고용 제도를 통해 공공기관과 기업이 장애인 고용을 늘리도록 유도하거나, 정부가 지정한 전국 541곳의 장애인직업재활시설에서 고용하는 방식이다.

재활시설을 통한 고용 방식은 두 가지. 노동 능력을 갖춘 장애인에게 작업 공간을 제공하는 '근로사업장'과 지적 장애인을 포함한 장애등급 1~3급의 중증장애인들을 고용하는 '보호작업장'. 두 곳 모두 임금 수준이 열악하지만 보호작업장은 그 정도가 더욱 심각하다는 게 최 대표의 지적이다.

> "보호작업장의 경우 시설 운영비나 사회복지사 인건비는 정부나 지방자치단체가 부담하고, 그 작업장 자체에서 나오는 수익금으로 장애인들에게 임금을 지급하는 구조예요. 그런데 대다수 보호작업장에서 거의 수익을 못 내는 실정이라 임금을 지급하기 어려운 상황이죠."

실제 보건복지부의 「2014년도 장애인직업재활시설 및 판매시설 운영실적 분석보고서」에 따르면 현재 보호작업장에서 일하는 장애인은 총 1만 2,930명. 이 중 39%에 달하는 5,048명이 매달 10만 원도 안 되는 돈을 받으며 일하고 있다. 전체 평균으로 따져보아도 월평균 임금은 24만 원 선에 그친다. 조사 당시의 월 최저임금인 54만 7,050원(주 25시간 근무 기준)에 턱없이 못 미치는 수준이다. 우리나라에서 장애인 가

장애인 직업재활시설 현황

(2014년 기준)

장애인 직업재활시설이란?

일반 작업환경에서는 일하기 어려운 장애인이 특별히 준비된 작업환경에서 직업훈련을 받거나 직업생활을 할 수 있도록 하는 시설

근로사업장	보호작업장
직업능력은 있으나 이동 및 접근성이나 사회적 제약 등으로 취업이 어려운 장애인에게 근로의 기회를 제공	직업능력이 낮은 장애인에게 보호가 가능한 조건에서 직업적응 능력 및 직무기능 향상훈련 등 직업재활훈련 프로그램을 제공
최저임금 이상의 임금을 지급하며, 경쟁적인 고용시장으로 옮겨갈 수 있도록 도움	노동에 상응하는 대가로 임금을 지급하며, 근로사업장이나 그 밖의 경쟁적인 고용시장으로 옮겨갈 수 있도록 도움
64개	477개
2,721명	1만 2,940명

보호작업장 월급 현황

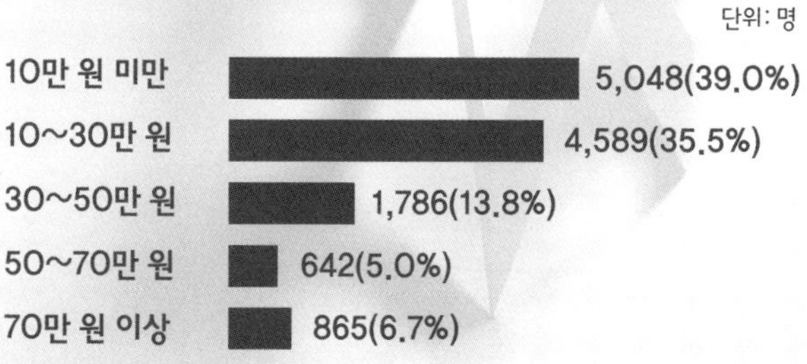

자료: 보건복지부, 한국장애인고용공단 고용개발원

구가 빈곤에 처할 위험이 비장애인 가구보다 2.4배가량 높은 것도 바로 이 때문이다. 이런 작업장에서 지적 장애인들이 맡는 업무는 종이컵 포장 등 지극히 단순한 업무에 그친다. 그렇다 보니 일 자체에서 얻는 만족감이 낮을 수밖에 없고, 일반 직장에 취업하기란 더더욱 어려워진다.

"지적 장애인들도 자신들이 즐거워하는 일을 하면서 돈을 벌 수 있다면 얼마나 좋을까, 그걸 가능하게 만들고 싶다는 생각에 (같이걸을까를) 시작했죠."

최 대표가 주목한 것은 바로 그림 그리기. 사회복지사 시절 청소년 봉사 캠프에서 봉사자들과 그림을 그리던 장애인들의 행복한 모습이 기억에 남았다. 마침 당시 봉사자로 참여했던 강란주 디자이너도 뜻을 함께했고, 2015년 4월 서울 양천구에서 운영하는 소셜 벤처 인큐베이팅센터에 입주하며 본격적인 사업을 시작했다. 창업과 함께 최 대표는 사회복지사 시절 알게 된 지적 장애인들을 작가로 섭외했다.

"함께하는 지적 장애인분들께 제대로 된 대접을 해드리고 싶어서 한 분 한 분 작가 계약서를 다 작성했어요. 공식적인 문서가 있으니 저희도 이 계약을 충실히 따라야 할 책임이 생기는 거죠. 작가분들에게는 진정한 '직업'을 가진 것이라는 설명을 충분히 해드리고 있어요."

같이걸을까의 목표는 '지적 장애인에 대한 인식 변화'

같이걸을까를 통해 판매되는 그림들은 장봉혜림원에서 매달 셋째 주 주말에 열리는 1박 2일간의 소셜캠프 '같이 걸을까+요'에서 만들어진다. 캠프 참가자들과 지적 장애인 작가들이 캠프 기간 동안 산책과 운동, 그림 등을 통해 서로를 알아가고, 여기에서 나온 작품들을 같이걸을까에서 전시·판매하는 것. 2015년 1월 캠프를 시작한 이래 매달 약 20여 명의 봉사자들이 참가하고 있다.

"캠프에서 제일 중요한 것은 '소통'이에요. '장애인이니까 도와줘야지'라는 생각으로 참여하시는 분들도 계시는데, 저희는 이 캠프를 통해 진정한 '관계 맺기'가 이뤄졌으면 좋겠어요. 함께 즐거운 시간을 보내면 그 행복이 그림에도 다 나타나거든요."

최 대표가 '같이걸을까'를 통해 궁극적으로 걷고 싶은 목표는 무엇일까. 바로 지적 장애인에 대한 인식의 변화다.

"최은호라는 사람이 있을 때 '장애인 최은호'라고 생각하는 것과 '최은호라는 사람이 있는데 그 사람의 특성 중 하나가 장애'라고 생각하는 것은 완전히 다르거든요. 고유한 누군가가 있고, 그 사람이 가진 여러 개성 중 하나가 지적 장애일 뿐이라고 생각할 수 있는 것, 그게 저희 목표예요."

Case Study 3

Global Challenge

지구촌 청년들의 아이디어,
대박을 일구다

3

01
감자 하나로 한 달에 3천만 원 법니다

포테이토 파르셀

"네가 보고 싶어." "사랑해!" "출산을 축하합니다."

기껏 공을 들인다고 해야 손 편지 정도로 전달할 수 있는 문구다. 그런데 이런 메시지들이 만약 '감자' 위에 있다면?

화살 대신 감자를 사용해 사랑을 전달하는 큐피드 업체가 미국에서 유행하고 있다. 미국 업체 '포테이토 파르셀'은 고객이 원하는 메시지를 감자에 새겨 받을 이에게 직접 보내주는 서비스를 제공하고 있다.

스마트폰 하나면 모든 소통이 가능한 세상. 펜으로 무언가를 기록하는 행위는 구시대의 유물처럼 느껴진다. 그러나 포테이토 파르셀의

감자로 메시지를 전하는 방법

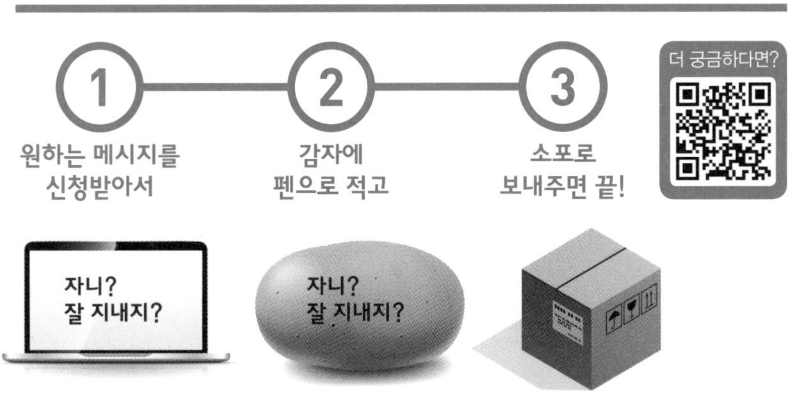

창립자 알렉스 크레이그Alex Craig의 생각은 조금 달랐다. 감자에 손글씨를 새겨 넣으면 디지털의 홍수 속에서 이색적인 의사소통 도구가 될 수 있다고 본 것이다.

감자 위에 고객이 원하는 메시지를 담다

사업 모델은 간단하다. 감자 위에 고객이 원하는 메시지를 검은색 펜으로 적은 뒤 소포 봉투에 담아 보내기만 하면 된다. 사업의 핵심 인프라인 감자조차 미국에서 가장 대중적이고 싼 품종인 '러셋Russet'으로 정했다.

'세상에서 가장 멍청한 아이디어stupidest idea ever'라는 여자친구의 혹평에도 불구하고 포테이토 파르셀에 대한 사람들의 반응은 뜨거웠다. 2015년 5월 홈페이지를 개설한 지 이틀 만에 2,000달러치의 주문을 받은 것이다. 꽃이나 케이크 같은 평범한 선물에 싫증이 났던 사람들은 감자에 새겨진 재기발랄한 메시지와 우스꽝스러움에 색다름을 느꼈고, 자신의 SNS에 너도나도 인증샷을 올리기 시작했다.

사업의 닻을 올린 뒤 포테이토 파르셀은 매달 750~1,000개의 판매고를 올렸고, 월 평균 1만 달러의 매출을 기록했다. 2015년 10월 캘리포니아 출신의 사업가 리아드 베킷Riad Bekhit이 4만 달러에 회사를 인수한 뒤에는 글자뿐 아니라 사진을 붙여 보내는 신규 상품도 출시했다.

2016년 설립 1주년을 맞은 포테이토 파르셀은 순항하고 있다. 미국뿐 아니라 캐나다, 호주, 영국, 유럽까지 발을 넓혔고, 2016년 2월에는 사상 최고치인 월 매출 2만 5,000달러를 달성하기도 했다. 그 덕에 리아드는 회사 인수 4개월 만에 투자금을 모두 회수할 수 있었다.

2016년 2월 사상 최고치의 월 매출을 달성한 포테이토 파르셀

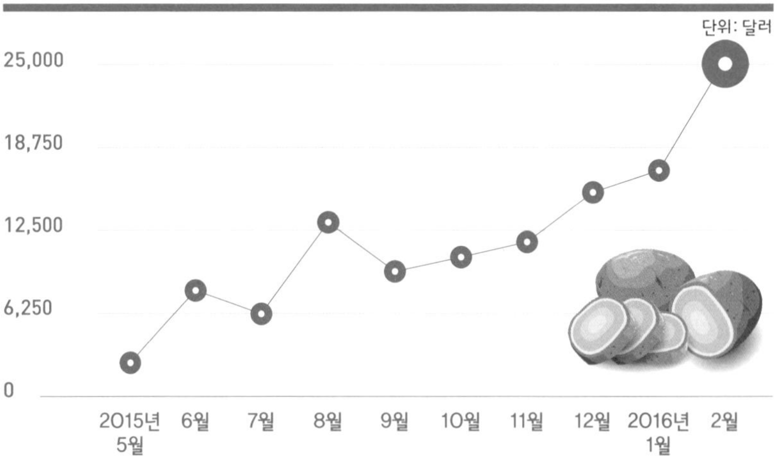

자료: Quartz, Atlas

포테이토 파르셀의 성공이 알려지면서 유사 사업에 뛰어드는 이들도 늘고 있다. 2016년 초 미국에서 설립된 '메일 어 스퍼드**Mail a Spud**'는 봉투 포장이나 메시지 없이 감자 표면에 받을 사람의 주소와 우표를 붙여 보내주는 서비스를 제공한다. 10대 청년 두 명이 시작한 호주의 '포테이토 메신저**Potato Messenger**'는 일주일 만에 800개의 주문을 받았고, 영국에서도 '포테이토 인 더 포스트**Potato in the Post**'란 회사가 등장했다.

조나 버거**Jonah Berger** 미국 펜실베이니아대학 와튼스쿨 마케팅학과 교수는 "감자에 편지를 써서 보낸다는 아무도 생각해내지 못했던 아이디어가 있었기 때문에 시장이 반응했다"며 "현재의 열기가 지속되기 위해서는 사업을 과도하게 확장하지 말고 경쟁 회사와의 차별화를 위해 노력해야 한다"고 평가했다.

02
직접 찾아가 머리 깎아드려요

스터링스 모바일 바버 컴퍼니

싹둑싹둑 머리칼을 잘라내는 경쾌한 가위 소리. 분주한 손놀림으로 가위질을 마친 미용사가 헤어드라이어를 집어 든다. 그 옆에선 한 고객이 네일 아트를 받고 있고, 멀찍이 떨어진 한쪽 구석에선 한 남성이 김이 모락모락 나는 수건을 얼굴에 감싼 채 정통 습식 면도를 받고 있다.

여기까지만 보면 보통의 이발소·미용실과 영락없는 닮은꼴이다. 그러나 이곳엔 우리가 통상으로 머리를 깎으러 가는 가게 이상의 특별한 무언가가 있다. '온디맨드' 시대에 맞춰, 고객들이 있는 곳까지 직접 찾아가 머리를 깎아주는 '이동식 헤어숍'이다. 2000년대 후반 미국에서 등장하기 시작한 '이동식 헤어숍'은 최근엔 그 숫자가 급격히 느는 추세다.

미국 샌디에이고 최초의 트레일러 이발소인 '스터링스 모바일 바버 컴퍼니Sterling's Mobile Barber Company'(이하 '스터링스')를 2012년 5월 창업한 쿠시 카필라Kush Kapila. 의료기기 회사의 제품 담당자로 근무하던 쿠시는 음식 배달업처럼 '찾아가는 모바일 서비스'가 향후 시장을 주도할 것이라고 봤다. 곧바로 직장을 그만둔 뒤 지금껏 자신이 모아둔 3만 달러에 지인에게 빌린 2만 달러를 더해 회사를 만들었다. 쿠시 최고경영자는 《비지니스 뉴스 데일리Business News Daily》 등과의 인터뷰에서 "퇴근한 뒤 이발소에 가면 대기 줄이 길게 늘어져 있어 머리 한 번 자르기가 힘들었다는 사실을 깨닫고 직접 모바일 이발소를 차려보면 어떨까 생각했다"고 말했다.

스터링스는 대형 트레일러 안에 미용 의자와 세면대 각각 3대, 화장실, 대기실까지 갖춘 채 도심 빌딩 숲 사이를 돌아다닌다. 계약을 맺어놓은 기업들을 찾아가 미리 예약을 해둔 직원들의 머리를 깎아준다.

더 궁금하다면?

트레일러를 찾은 직원들의 반응은 긍정적이다. "계단만 몇 개 내려오면 바로 이발소를 이용할 수 있다", "퇴근이 늦어져 머리를 못 하는 일은 이제 없을 것 같다", "원래 다니는 이발소보다 시설이 좋다" 등의 호평이 줄을 잇는다. 직장인들이 쉬는 주말에는 각종 행사장으로 향한다. '서비스가 좋다'는 입소문이 퍼지면서 결혼식이나 패션쇼에서 트레일러를 찾는 경우가 많아졌기 때문이다.

미리 예약된 사무실이나 행사장을 돌아다니는 스터링스와 달리 사람이 많이 모이는 곳이면 어디든 찾아다니는 업체도 있다. 영국 켄트 지역에서 이동식 헤어숍을 운영하고 있는 안톤 안토니**Anton Antoni**는 매일 아침 손님을 찾아 대형 쇼핑센터나 번화가로 버스를 몬다. 2015년 6월 구입한 17인승 옛 군용 버스는 안톤의 손을 거치며 1960~1970년대 복고풍 빈티지 스타일의 헤어숍으로 탈바꿈했다. 자신만의 독특한 인테리어를 위해 작은 소품 하나마저도 앤티크 전문점에서 공수해 왔다.

미국 텍사스의 제임스 플라우든**James Plowden** 역시 '찾아다니는' 헤어숍을 운영 중이다. 10년간 이발사로 일했던 제임스는 손님이 없는 '데드 타임**dead time**'을 줄여야겠다는 생각에 2만 달러를 들여 트레일러를 개조했다. 예상보다 많은 돈이 들었지만 매달 500달러씩 나가던 헤어숍 임차료를 생각하면 장기적으론 오히려 더 이득이라는 계산이었다.

고객이 이발소를 찾지 않으면, 이발소가 고객을 찾아갑니다

사실 이동식 헤어숍이 완전히 새로운 콘셉트는 아니다. '찾아가는 이발소'의 역사는 1937년까지 거슬러 올라간다. 미국 최대 자동차회사 제너럴모터스GM가 제작한 1937년도의 영상에는 복고풍 트레일러를 단 자동차가 등장한다. 영상에선 "고객이 이발소를 찾지 않으면, 이발소가 고객을 찾아갑니다"란 내레이션과 함께 해수욕장 한편에 자리 잡은 트레일러 차량이 등장한다. 청홍백 삼색의 이발소 간판까지 갖춘 이 차량에서 이발사는 능숙하게 꼬마 손님을 자동차 뒤로 안내한다. 차 트렁크를 열자 미용 가위와 간이 의자, 면도 크림에 수건까지 갖가지 이발용품이 진열돼 있다. 다만 당시 이발소는 트렁크에 미용 도구를 싣고 손님을 맞이했을 뿐 자동차 안에서 이발이 이뤄지진 않았다.

지금과 유사한 형태의 이동식 헤어숍은 1963년이 돼서야 등장한다. '세계 최초의 바퀴 달린 이발소World's first barber shop on wheels'란 제목의 영상에선 미국 뉴저지의 이동식 이발소가 첫선을 보였다.

소형 트럭을 개조한 이 '찾아가는 이발소'는 지금의 이동식 헤어숍과 비교해도 손색이 없을 정도다. 냉·온수 시설에 전기 콘센트, 기다리는 고객들을 위한 휴식 공간까지 갖춘 '세계 최초'의 이동식 이발소는 주로 중산층이 밀집한 주택가를 찾아다니며 손님을 끌어모았다.

상위 1% 슈퍼 리치 노리는 '초호화 헤어숍'도 등장

수십 년간 진화를 거듭한 '이동식 헤어숍'은 이제 '초호화 살롱'의 모습까지 갖춰가는 중이다. 특히 미국의 대표적 부촌인 베벌리힐스와 할리우드를 중심으로 이른바 '이동식 럭셔리 헤어숍'이 속속 등장하고 있다. 메르세데스벤츠의 미니 밴을 개조한 트웨인 테일러Twain Taylor의 '럭셔리 이동식 이발소'는 수제 가죽 의자와 서라운드 오디오 시스

스터링스의 트레일러와 내부, 이발 중인 미용사와 손님의 모습
(사진 출처: 스터링스 페이스북)

템, 풀HD급 텔레비전, 최신 게임기는 물론 갖가지 샴페인과 보드카까지 갖춘 초호화 헤어숍이다. 한번 머리를 깎는 비용이 250달러로 일반 업체보다 10배 이상 비싸지만 상위 1% 소비자인 슈퍼 리치super rich의 마음을 사로잡으며 인기를 끌고 있다. 트웨인은 "최고가 아니면 아예 만들지도 않았을 것"이라며 "세계 최고의 이동식 헤어숍을 만들기 위해 내부 디자인도 직접 설계했다"고 말했다.

'꼬냑의 대명사'라 불리는 프랑스의 주류업체 '레미 마르땡Remy Martin'도 2015년 9월 최고급 트레일러 헤어숍을 선보이며 럭셔리 열풍에 동참했다. 그리스 신화 속 반인반마半人半馬의 괴물 켄타우로스에서 이름을 딴 'The Centaur'는 단 한 명의 고객만을 위한 공간으로, 고급스러운 인테리어로 치장된 트레일러 안에서 레미 마르땡의 명품 꼬냑까지 즐길 수 있다. 개성 넘치는 미용사들까지 모여 있어 자신을 꾸미는 데 많은 신경을 쓰는 '그루밍grooming족' 남성들의 발길이 끊이지 않고 있다고 외신들은 전했다.

미국 텍사스 베일러대학의 마를린 리드Marlene Reed 교수 겸 초빙 기업가EIR는 "사람들의 생활이 바빠지면서 시간이 가장 희소한 자원이 돼가고 있다"며 "고객은 빠르고 편리한 서비스를 누리기 위해 기꺼이 더 많은 돈을 지불할 것"이라고 설명했다.

03

숙취 해결 패키지 서비스를 배달합니다

행오버맨

벌거벗은 남자가 코끝이 새빨개지도록 술을 마신 뒤 잠이 들었다. 테이블에 놓인 술잔은 그가 남긴 붉은 와인으로 가득하다. 17세기 화가 피터르 파울 루벤스**Peter Paul Rubens**(1577~1640)의 작품 〈바로크 축제(원제: Bacchanal)〉의 모습이다. 한바탕 술잔치에 만취해 잠든 이 남자. 잠이 깨면 찾아올 지독한 숙취를 과연 피할 수 있을까.

'술에는 장사 없다'는 말처럼 숙취는 여러 사람의 고민거리다. 머리가 깨질 듯한 두통부터 헛구역질을 동반한 메스꺼움, 소화불량과 손발 저림까지. 각양각색의 유형으로 찾아오는 숙취는 간밤의 흥취를 극심한 고통으로 바꿔놓는다. 누가 나서서 이 고통을 없애준다면 얼마나 좋을까.

피터르 파울 루벤스의 〈바로크 축제〉

이러한 니즈를 충족시켜주는 업체가 영국에 등장했다. '어디선가 누군가에 무슨 일이 생기면' 출동하는 슈퍼 히어로들처럼 '행오버맨The Hangover Man'은 숙취로 고통받는 고객들을 위해 '숙취 해결 패키지' 서비스를 배달한다.

물건 값에 배달비 5유로를 더한 가격으로 숙취를 해결해주다

2015년 1월 문을 연 이 업체는 물건 값에 배달비 5유로를 더한 가격에 고객이 원하는 숙취 해소 물품을 배달해준다. 커피부터 두통약, 숙취 해소 음료, 햄버거, 심지어 화장실 휴지까지. 이들이 배달을 거부하는 품목은 단 하나, 바로 술이다.

숙취의 고통을 얼마나 잘 알면 이런 사업을 시작했을까. 그런데 놀

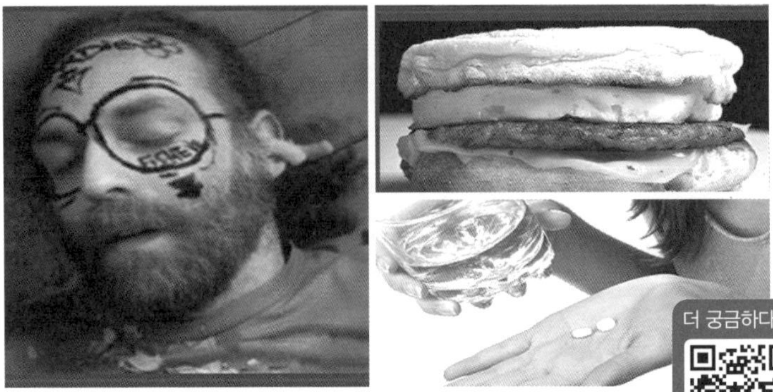

더 궁금하다면?

커피부터 두통약, 숙취해소 음료 등을 배달해주는 행오버맨
(사진 출처: 행오버맨 홈페이지)

랍게도 행오버맨의 공동창업자 루크 체커**Luke Chequer**와 샬럿 브로드브릿지**Charlotte Broadbridge**는 술을 입에도 대지 않는 '금주' 커플이다. 그런데 어떤 연유로 숙취와 관련한 사업을 시작한 걸까. "과음한 다음 날 아침, 술도 제대로 깨지 않은 채 차를 몰고 식당으로 향하는 사람들이 걱정됐다"는 게 이들이 말하는 창업 취지다.

행오버맨 설립에 들어간 자본금은 단돈 500유로와 본인들이 갖고 있던 트럭 하나가 전부. 소형 카드 리더기와 기름통 하나만 가지고 사업을 시작했지만 창업 후 첫 주말부터 감당하기 어려울 정도로 주문이 밀렸다. 곧바로 영업시간을 연장하고 배달 차량도 늘렸다. 가족과 친구들을 채용해 늘어난 업무량을 감당했다.

사실 숙취로 고생하는 고객만 행오버맨의 서비스를 찾는 건 아니다. 아이를 키우는 맞벌이 가정, 식사를 준비할 시간이 없는 직장인, 단순히 집 밖으로 나가기 귀찮은 사람들도 행오버맨의 단골이 됐다.

사실 행오버맨은 '숙취 해결 서비스' 업계의 후발 주자다. 2013년 6월 '아이엠헝오버'(iamhungover.co.uk)를 창업한 지샨 아시라프Zishan Ashraf는 밀려드는 주문에 로펌 연수생 생활을 정리하고 사업에 전념했다. 곧 미국인 사업가로부터 수만 달러의 투자를 받으며 배달원을 기존 3명에서 7명으로 늘렸고 최근엔 '진Jinn'이라는 스마트폰 앱도 내놨다.

같은 해 등장한 '행오버 엔젤스Hangover Angels'의 도나 도쳐리Donna Docherty는 직원으로 근무하던 한 슈퍼마켓에서 해고된 뒤 먹고 살기 위해 1인 창업에 뛰어들었다가 성공한 사례다. 하루 평균 주문은 약 30건. 새해 첫날의 공휴일이나 지역 축제 기간에는 주문 건수가 기하급수적으로 늘어나 배달을 혼자 감당하기 어려운 날도 있다.

이처럼 숙취 해소 시장이 커지자 의료업체 및 대형 유통업체도 관련 사업에 군침을 흘리기 시작했다. 전문의가 공동창업자로 참여한 미국 뉴욕의 '행오버 클럽The Hangover Club'이나 '아이브이닥I.V.Doc'은 고객의 집에 직접 간호사를 파견해 숙취 해소용 수액IV bag 주사를 놔주는 방문 서비스를 제공한다. 서비스 비용은 수액 종류에 따라 175~249달러로 비싼 편이지만 맨해튼에 사는 전문직 종사자나 고연봉 직장인들이 자주 찾는다고 한다.

글로벌 대형 편의점 체인 세븐일레븐도 배달형 숙취 해소 패키지를 선보이며 '음주 애호가'들의 관심을 끌고 있다. 뉴욕과 시카고, 로스앤젤레스 등 미국 주요 도시에서 판매되고 있는 '행오버팩Hangover Pack'의 가격은 15달러로 진통제와 스포츠 음료, 페퍼로니 피자, 샌드위치를 포함하고 있다.

04
마천루 옥상에서 만든 '뉴욕산' 와인을 마시다

루프톱 레즈

"프랑스나 이탈리아 와인을 못 먹는 건 아닌데, 2차 대전 때 독일 놈들이 프랑스를 쑥대밭으로 만들어 놨잖아요. 포도밭이라고 남아났겠어요? 오리지널은 다 타 없어졌지. 근데 칠레엔 오리지널이 남아 있다 이거죠. 와인을 잘 모르는 사람들이 프랑스 와인을 찾아요."

영화 〈범죄의 재구성〉에서 주인공 최창혁(박신양 분)이 와인 진열장을 보면서 한 말이다. 그렇다. 와인 하면 떠오르는 나라는 대개 프랑스, 이탈리아 혹은 칠레 정도다. 이들 나라 어느 넓은 땅에 드넓게 펼쳐진 포도원과 그 부근에 있는 거대한 지하 와인 창고. 이것이 '와인'

하면 떠오르는 서정적 이미지다.

이와는 정반대로 우뚝 솟은 마천루 빌딩이 사방을 둘러싸고 있는 포도밭을 상상할 수 있을까. 그런데! 전 세계에서 가장 번잡하고 화려한 곳 뉴욕, 그것도 건물 옥상에서 포도를 재배해 와인을 주조하는 기업이 있다. 2015년 6월 문을 연 '루프톱 레즈Rooftop Reds'가 그 주인공이다.

뉴욕의 야경 감상하며 와인 한 잔

세계 최초의 옥상 포도원 루프톱 레즈가 자리 잡은 곳은 뉴욕 브루클린의 한 건물 옥상. 이곳에선 이스트강 너머로 맨해튼의 마천루가 한눈에 들어온다. 1883년 완공된 세계 최초의 현수교 브루클린 다리도 보인다.

이런 도심 빌딩 숲을 배경으로 한 면적 1,370m²(약 415평) 규모의 포도원. 철제 화분에 담긴 220그루의 포도나무 옆으론 고객들을 위한 해먹과 대형 텐트, 피크닉 테이블도 마련됐다. 사람들은 바닥에 깔린 인공 잔디 위로 돗자리를 펴고 누워 뉴욕의 야경을 감상한다.

사실 뉴욕은 캘리포니아의 나파 밸리와 워싱턴D.C에 이어 미국에서 세 번째로 와인을 많이 주조하는 지역이다. 원재료가 되는 포도를 주로 캘리포니아나 남미에서 공수해 뉴욕 외곽의 양조장에서 와인을 제조하는 식이었다. 하지만 지난 2011년 포도 재배와 와인 제조에 대한 규제를 완화하는 내용의 '고급 양조장Fine Winery' 법안이 통과된 덕

창립자 데빈 슈마커와 루프톱 레즈의 포도원 모습
(사진 출처: 루프톱 레즈 페이스북)

더 궁금하다면?

아파트 옥상에서 '옥상 포도원'을 실험 중인 슈마커와 초기 루프톱 레즈 모습
(사진 출처: 루프톱 레즈 페이스북)

분에 뉴욕 도심에서도 와인 만들기가 가능해졌다. 이후 맨해튼 등 도심 곳곳에서 공식적으로만 8개의 양조장(2015년 10월 기준)이 추가로 등장했지만, 건물 옥상에 위치한 포도원은 루프톱 레즈뿐이다.

루프톱 레즈의 창립자 데빈 슈마커Devin Shomaker는 평범한 회사원이었다. 조지 메이슨George Mason 대학에서 마케팅을 전공한 뒤 워싱턴D.C의 한 스타트업에서 근무했지만 회사 생활은 즐겁지 않았다. 오히려 직장인이 되기 전 파트타임으로 일했던 와인 바에서 보낸 시절이 그의 인생에서 가장 행복한 때였다. 그는 '포도 재배에서 와인 주조까지의 전 과정'을 알고 싶었고, 결국 2012년 회사를 그만둔 뒤 뉴욕 인근에 있는 핑거레이크커뮤니티칼리지Finger Lakes Community College에서 '포도농학과정'을 수강했다.

와인 제조업자로서 새로운 인생을 살게 된 슈마커. 그는 정든 뉴욕을 벗어나고 싶지 않았다. 어떻게 하면 '빅애플'(뉴욕의 별칭)을 떠나지 않고도 와인을 주조할 수 있을지 고민하던 중, 건물 옥상에서 '도시 양봉'을 하는 기업 '브루클린 그레인지Brooklyn Grange'의 이야기를 접하게 됐다.

"그럼 옥상에서 포도를 키우는 것도 가능하지 않을까?" 슈마커는 뉴욕 브루클린에 있는 남동생의 아파트 옥상으로 향했다. 결과는 대성공. 50개의 화분에 심은 보르도 품종 포도 묘목이 브루클린의 추운 겨울을 잘 버텨낸 것이다. 슈마커는 한 식음료 전문 잡지와의 인터뷰에서 "해발 61미터의 구릉 지대라 바람은 많이 불었지만, 콘크리트 건물 숲 사이에 있어 오히려 병충해에 걸릴 가능성이 낮았다"고 설명했다.

슈마커는 본격적인 와인사업을 시작하기로 결심하고 동업자들을 모았다. 아파트 옥상을 내줬던 남동생과 핑거 레이크 지역의 최연소

루프톱 레즈를 공동창업한 크리스 슈마커, 크리스 파팔리아, 에반 마일스
(사진 출처: 페이스북 및 루프톱 레즈 홈페이지)

와인 제조업자인 크리스 파팔리아Chris Papalia가 함께했다. 뉴욕의 세네카호Seneca Lake 지역에 65만m²(약 19만 평) 규모의 포도원을 소유하고 있는 양조장인 에반 마일스Evan Miles도 합류했다.

브루클린의 날씨를 더 심도 있게 분석하기 위해 코넬 대학의 도움도 받았다. 저명한 포도농업학자이자 환경과 문화에 따라 포도 성장이 어떻게 달라지는지 연구해온 앨런 락소Alan Lakso 교수에게 자문을 구했다.

만반의 준비를 마쳤지만 역시 문제는 '돈'이었다. 슈마커 본인이 투자할 수 있는 금액은 6,000달러에 불과했다. 그러나 사업의 독특함을 무기로 크라우드펀딩에 나섰고, 이를 통해 2014년 봄 1만 6,820달러를 추가로 조달하는 데 성공했다. 220그루의 포도 묘목을 마련할 수 있는 자금이 확보된 것.

세계 최초의 옥상 포도원 '빌딩275'

세계 최초의 옥상 포도원. 그 무대는 '브루클린 해군 공창Brooklyn Navy Yard' 내 '빌딩275'로 정했다. 이 지역은 본래 미 해군의 전투함이 생산되던 곳이었으나 1966년 뉴욕 소유로 이전된 이후 소규모 제조업자들을 위한 산업복합공간으로 탈바꿈됐다. 뉴욕 공공디자인위원회Public design commission와 브루클린 해군 공창 개발공사Brooklyn Navy Yard Development Corp는 슈마커의 '옥상 양조장' 아이디어를 높게 평가해 임대 허가를 승인했다. 개발공사의 데이비드 어렌버그David Ehrenburg 사장은 《월스트리트저널WSJ》을 통해 "(루프톱 레즈는) 창업을 꿈꾸는 사람들과 이 지역 제조업자들에게 큰 영감을 줄 것이다"고 말했다.

루프톱 레즈의 첫 포도 수확은 2016년 10월이다. 이렇게 확보한 포도로 4종의 와인 약 300병 정도를 생산해 다음 해 8월께 첫 와인 판매에 들어간다는 목표를 세웠다. 와인 제작과 유통은 파트너십을 맺고 있는 핑거 레이크의 양조장에서 이뤄진다. 현재 루프톱 레즈는 뉴욕 외곽에서 자란 포도로 만든 와인을 판매 중이다.

슈마커와 동료들은 《뉴욕타임즈NYT》와의 인터뷰를 통해 "우리는 '뉴욕'에서 생산된 포도로 '뉴욕'에서 와인을 만들어 파는, 진짜 '뉴욕' 빈티지 와인을 선보일 것"이라고 말했다.

핑거레이크커뮤니티칼리지의 폴 브록Paul Brock 포도농학과 교수는 "소비자들은 상품에 대한 애착을 느끼면 좀 더 쉽게 지갑을 여는 경향이 있다"며 "뉴욕의 와인 애호가들은 이 지역에서 생산된 와인이라면 더 큰 애착을 느낄 것"이라고 전망했다.

05

당신의 차량에 기름을 배달해 드립니다

부스터 퓨얼즈

오늘 아침 늦잠을 잔 회사원 A씨. 아뿔싸! 자차 출근 도중 주유 경고등이 켜진 것을 뒤늦게 발견했다. 회사 도착과 함께 기름은 바닥이 나버렸다. A씨는 그 면 퇴근길을 어떻게 가야할까.

자기 차로 출퇴근을 하는 이들이라면 이와 유사한 일을 한 번쯤 겪어봤을 법하다. 우리나라에선 보험사의 긴급 서비스로 소량의 기름을 얻는 일 빼곤 딱히 할 수 있는 게 없다는 게 사실. 하지만 미국 일부 지역에선 다른 선택지가 있다. 간단한 스마트폰 조작이면 차량이 주차된 곳까지 직접 기름을 배달해주는 '찾아가는 주유소'가 바로 그것이다.

O2O 서비스 활용하는 '주유소판 우버Uber' 유행

최근 미국에선 고객의 차량까지 직접 찾아와 기름을 넣어주는 배달 주유 스타트업들이 속속 등장하고 있다. 2014년 설립한 부스터 퓨얼즈Booster Fuels를 시작으로, 필드Filld, 위퓨얼WeFuel, 퍼플Purple 등이 2015년 우후죽순 생겨났다. 당시의 유가 하락 덕에 시장 진입 장벽이 낮아진 점이 사업의 결정적 계기가 됐다.

이들 업체의 사업 모델은 온라인과 오프라인을 연계하는 이른바 O2OOnline to Offline 서비스로 일종의 '주유소판 우버'로 불린다. 고객이 스마트폰 앱을 활용해 본인 정보를 입력하면 업체는 차량이 위치한 곳까지 기름을 배달, 주유까지 직접 해준다. 배달 신청은 단 3단계이며 주유의 모든 과정은 앱을 통해 고객에게 실시간으로 전달된다.

필드의 스콧 헴피Scott Hempy 공동창업자는 미국의 대통령 전용기 '에어포스원Air Force One'이 비행 도중 기름을 공급받는 것(공중 급유)에서 사업 영감을 받았다.

3단계로 이루어지는 부스터 퓨얼즈의 주유 서비스 과정

01
원하는 곳에 차를 주차한 뒤 애플리케이션으로 서비스를 신청하고

02
주유구를 열어둔 채 차에서 내리면

03
도착한 업체의 차량이 알아서 주유를 완료

더 궁금하다면?

"어느 날 운전 도중 주유 경고등이 들어온 것을 보고, 아내에게 에어포스원의 공중급유에 대해 얘기를 했죠. 그랬더니 아내는 근무 중이거나 잠을 자고 있을 때 등 차가 멈춰 있을 때의 시간을 활용해보면 어떠냐고 제안을 했어요."

주유 신청에서 실제 급유까지의 작업은 빠르면 30분, 늦어도 3시간 정도면 마무리된다. 특히 오프라인 주유소와 달리 대지 구입 등 인프라 시설 비용이 들지 않아 기름 값 자체는 일반 주유소보다 더 저렴한 경우도 있다.

다만 유류비 이외에 추가로 배달 비용을 청구하는 경우가 많다. LA 소재의 퍼플은 1달러, 휴스터의 퓨얼미FuelMe와 필드는 각각 5달러 가량을 배달비로 받고 있다.

반면, 부스터 퓨얼즈와 줄 리퓨얼Joule Refuel은 지역 내 기업체와 파트너 협약 등을 맺고, 대규모로 기름을 공급하는 대신 배달비를 받지 않는 전략을 쓴다. 샌프란시스코의 위퓨얼의 경우 월 3회 이상 배달 서비스를 이용하는 고객들을 대상으로 월정액의 무제한 배달 서비스 모델을 구상 중이다. 부스퍼 퓨얼즈는 주유 외에도 유리창·타이어 청소 서비스 등으로 차별화를 꾀하고 있다.

'가격 경쟁력'을 뛰어넘는 이들 업체의 가장 큰 무기는 바로 '편리함'이다. 업소마다 천차만별인 가격 때문에 이 주유소, 저 주유소를 기웃거리느니 몇 번의 손가락 터치만으로 적정한 가격대의 이동 서비스를 받을 수 있다면 소비자 입장에선 더 나을 수 있다는 것이다.

이들 배달 주유 스타트업들의 성장세는 폭발적이다. 부스터 퓨얼즈는 설립 1년 반 만에 텍사스와 실리콘밸리, 시애틀까지 서비스 지역을 확장했고, 2015년 1월엔 스타벅스 창업주 하워드 슐츠Howard Schultz가 운영하는 매버론Maveron 등 총 4개의 벤처캐피털로부터 900만 달러의 투자금을 받았다.

이들 업체 대부분은 현재 무연 휘발유만을 서비스 대상으로 하고 있다. 환경보호론자들은 배달 주유 서비스의 확대가 휘발유 차량 증대로 이어져 환경에 악영향을 끼칠 것이라고 비판하기도 한다.

이 같은 지적에 대해 에부촌 필드 공동창업자는 "쉽게 규정내리기 어려운 문제"라면서도 "기술적 보완이 이뤄진다면 수소와 바이오디젤, 전기 등의 친환경 에너지 배달도 시작할 수 있을 것"이라고 말했다. 부스터 퓨얼즈 역시 전기차에 대한 급속 충전 서비스 및 수소 연료 배달 등을 구상하고 있다고 밝혔다.

06
쓰레기를 과자로 만들어 드립니다

스낵트

13억 톤. 매년 전 세계에서 버려지는 음식물의 양이다. 세계 총 식품 생산량의 무려 3분의 1이 음식물 쓰레기로 버려진다. 이걸 돈으로 환산하면 466조 원에 달한다. 이 음식물 쓰레기를 처리하는 데 들어가는 돈만 874조 원에 이른다.

음식물 쓰레기 가운데 가장 높은 비중을 차지하는 게 바로 과일과 채소다. 총 생산량의 45%가 식탁에 오르지 못한 채 쓰레기장으로 직행하고 만다. '상품성이 없다'는 이유에서다. 전형적인 과일 모양에서 벗어났다는 이유로 거절당하거나, 혹은 딸기 한 송이에 곰팡이가 폈다는 이유로 트럭 한 대분이 통째로 폐기되기도 한다.

전 세계에서 버려지는 음식물

상품성 없는 과일로 '건강 스낵'을

영국의 일리나 타웁Ilana Taub과 마이클 민치-딕슨Michael Minch-Dixon은 이렇게 버려지는 과일을 새로운 비즈니스 창구로 봤다. 모양새가 조금 이상하다는 이유로, 혹은 약간의 흠집 때문에 상품으로서의 가치를 평가받지 못하는 과일로 '건강 스낵'을 만들기로 했다.

오랜 친구 사이인 일리나와 마이클은 각각 대안 금융과 재생에너지 분야에 몸담으며, 지구의 '지속 가능성'에 대해 고민해왔다. 음식물 쓰레기를 줄이는 게 중요하다고 본 둘은 오랜 연구를 토대로 지난

2013년 과일 육포를 만들어냈다. 책에서 발견한 1700년대의 과일 사탕 조리법이 결정적 도움을 줬다. '스낵트Snact'란 회사 이름은 과자를 의미하는 '스낵snack'과 행동이란 뜻의 '액트act'를 더해 지었다.

이들은 매일 아침 런던의 농산물 도매시장을 돌아다니며 폐기될 처지에 놓인 사과와 라즈베리, 바나나 등을 정상가의 20~30%를 주고 사온다. 사온 과일은 갈아서 씨와 껍질을 거른 뒤 종이처럼 얇고 넓게 편다. 이를 약 8시간 동안 건조기에서 말리면 육포 같은 식감의 과일 과자가 만들어진다. 다른 식품첨가제나 방부제는 넣지 않았다. "가능한 한 과일 함량을 높이고 싶었다"는 게 일리나의 설명이다.

스낵트 한 봉지는 20g에 1유로. 일반 과자들과 비슷한 가격대다. 채식주의자나 아이 있는 가정 등을 감안한 묶음형 상품도 출시했다.

'스낵트'는 곧 '건강한 과자', '100% 과일 과자'로 입소문이 났다. SNS에선 스낵트 상품의 구매가 음식물 쓰레기도 줄이고, 지구 환경에도 도움이 된다는 뜻의 '스낵티비즘Snactivism'이란 말이 나올 정도로 흥행을 거뒀다. 이를 바탕으로 스낵트는 지난 2014년 크라우드펀딩을 통해 1만 3,000유로 상당의 자금을 모을 수 있었다.

마이클은 "남들은 판매할 가치가 없다고 버렸지만 우리는 우리만의 방식으로 새로운 가치를 창출해냈다"고 말한다. 버려질 운명에 처해졌던 과일이 유통기한 6개월짜리 과자로 재탄생하면서 생산자와 도매업자, 소비자 모두 '윈-윈win-win'할 수 있는 기반을 마련했다고 자평했다.

이처럼 버려지는 음식물 쓰레기를 신사업으로 활용하려는 움직임

(왼)버려진 농산물을 활용한 루비스 인 더 러블의 잼, (가운데)못생긴 과일과 채소만 모아 판매한 ASDA의 'Wonky Box', (오)버려지는 농산물을 이용한 요리 프로그램을 진행한 셰프 제이미 올리버

은 스낵트 외에도 다양하게 이뤄지고 있다.

영국의 '루비스 인 더 러블Rubies in the Rubble'은 시장에서 버려지는 과일과 채소로 잼을 만들어 판매하는 업체다. 런던 헤지펀드에서 근무하던 제니 도슨Jenny Dawson이 전 세계적인 식량 낭비 통계치에 충격을 받아 지난 2011년 창업했다. 영국의 대형 유통업체 아스다ASDA와 테스코TESCO는 못생긴 과일이나 채소만 모아 판매하는 행사로 큰 성공을 거뒀고, 유명 셰프 제이미 올리버는 버려지는 농산물을 이용한 요리 프로그램을 진행하며 시청자들의 눈길을 끌기도 했다.

우리나라 역시 매년 찾아오는 장마·태풍 등으로 유실되는 과일이 많고, 품질이 나빠 제값을 받지 못하는 것도 허다하다. 스낵트 사업 모델이 국내에서 활용될 가능성도 충분한 셈이다.

책 속의 책

사업자라면 꼭 알아야 할 김영란법

'N분의 1 시대'가 도래했다. '부정청탁 및 금품 등 수수의 금지에 관한 법률'(일명 김영란법, 이하 '청탁금지법') 시행으로 '한국식' 접대 문화가 막을 내리고 '더치페이 시대'가 열린 것이다. 김영란법의 적용 대상은 우리나라 19세 이상 성인 인구의 10명 중 1명꼴인 400만 명. 대상이 광범위하고 내용이 복잡하다 보니 공직사회와 언론, 기업에 사상 초유의 비상이 걸렸다. 특히 대기업들은 전담 태스크포스TF 팀을 꾸려 직원 교육에 나설 정도다.

나와는 상관없는 '그들만의 세상' 이야기 같은가. 김영란법의 칼날은 소규모 창업·자영업자라고 해서 무뎌지지 않는다. 오히려 소규모 사업자의 경우 한 번의 실수로 사업이 한순간에 무너질 가능성이 대기업보다 훨씬 높다. 형사처벌을 받거나 수천만 원의 과태료를 내야 할 상황이 오면 사업 전체가 휘청일 수 있기 때문이다.

사업자들이 법에 대한 무지와 부주의로 어렵게 일궈온 기업을 잃는 상황이 오지 않도록 소규모 창업·자영업자에게 필요한 몇 가지 내용을 꼽아봤다.

01

달리 읽는 이슈業

OX 퀴즈

① 지역 문화재단 종사자도 김영란법의 대상에 포함된다 (O / X)

② 사업주가 외국 국적이거나 해외 법인이면 법이 적용되지 않는다 (O / X)

③ 한 번씩 번갈아가며 식사비를 냈다면 3만 원이 넘어도 처벌 대상이 아니다 (O / X)

④ 공직자가 금품을 신고/반환해도 금품 제공자는 처벌받는다 (O / X)

⑤ 직무관련성/대가성이 있어도 식사비 3만 원이 넘지 않으면 처벌받지 않는다 (O / X)

정답: 1. O 2. X 3. X 4. O 5. X

1 사업차 만나는 모든 사람이 대상이 될 수 있다

사업을 하다 보면 무수히 많은 사람을 만나기 마련이다. 다른 업체 관계자를 만나는 게 아니라면 상대방이 청탁금지법의 적용대상자일 가능성이 높다는 사실에 유의해야 한다. 청탁금지법의 대상이 되는 '공직자 등'은 우리가 흔히 아는 공공기관 공무원뿐 아니라 언론인, 사립학교 교직원, 공직 유관단체 관계자 등과 그 배우자를 모두 포함하기 때문이다.

특히 매년 달라지는 '공직 유관단체'의 관계자는 '주의 대상 1호'다. 인사혁신처에서는 매년 6월 30일 공직 유관단체를 고시하는데 2016년에만 982개 단체가 포함됐다. 한국은행부터 공기업, 정부 또는 지자체가 출자한 기관·단체 등이 대상이다. '기념재단', '장학재단', '장애인체육회' 등 이름만으로 짐작할 수 없는 지역 문화재단들도 공직 유관단체에 속하므로 이들 단체의 관계자를 만날 때는 주의가 필요하다.

뿐만 아니라 언론사의 모든 임직원, 사법연수생, 공중보건의, 청원 경찰

김영란법 적용 대상

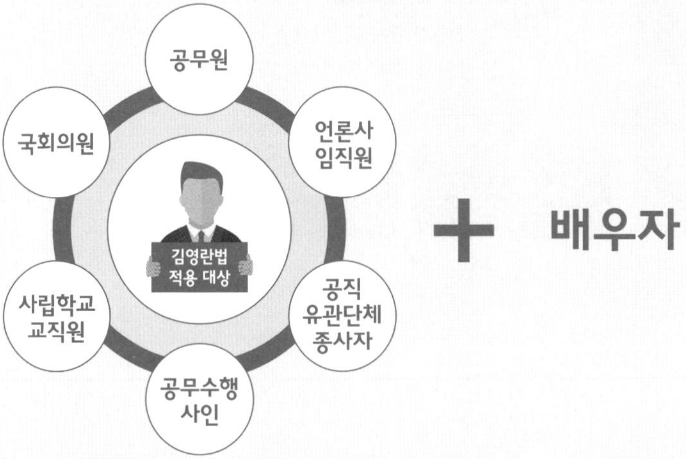

도 법의 적용대상자다. 일선 학교들을 파트너로 삼고 있는 교육 업체들은 교직원과의 만남에 각별히 주의를 기울일 필요가 있다. 사업자가 외국 국적이거나 법인이 해외에 있는 경우도 속지주의 원칙에 따라 법을 어길 경우 처벌을 받는다.

2 '직무상의 비밀누설' 청탁도 과태료 부과 대상

청탁금지법은 크게 '부정청탁의 금지'와 '금품 등의 수수 금지'로 나뉜다. '부정청탁의 금지'는 인·허가, 행정처분, 형벌부과, 인사 등의 직무와 연관된 공직자에게 직접 혹은 제3자를 통해 법령을 위반하도록 청탁하는 행위를 제재하는 조항이다. 이를 위반하면 청탁의 실현 여부와 상관없이 공직자뿐 아니라 부정청탁을 한 사람도 2,000만 원 이하(제3자를 통한 경우 1,000만 원 이하)의 과태료를 부과받는다.

국민권익위원회에서 발간한 『청탁금지법 Q&A 사례집』에 따르면 "사업자의 경우 인·허가, 면허, 승인, 검사, 인증 등과 관련해 법령과 규칙을 어기면서 '먼저 처리해달라'는 등의 부탁을 하면 부정청탁에 해당"된다. 공공기관이 주관하는 공모전, 우수기관 선정, 보조금, 입찰, 경매 등도 부정청탁 대상 직무에 포함되므로 주의해야 한다. 다만 공공직무와 관련해 공개적으로 요구하거나 공익적 성격을 띠는 민원, 질의 등은 부정청탁의 예외사유에 해당하므로 적법한 민원 자체를 꺼릴 필요는 없다.

부정청탁과 관련해 사업자가 가장 염두에 둬야 할 점은 '직무상의 비밀누설'도 부정청탁에 포함된다는 것. 공공기관 관련 공모의 심사기준, 특허, 평가 결과, 계약자 선정 결과 등에 대한 비밀누설 청탁이 이에 해당한다. 예를 들어 사업자 A가 공공기관에서 주관하는 공모전을 앞두고 지인인 담당자 B에게 심사기준에 대한 비공개 정보를 줄 것을 부탁한 경우, 사업자 A는 과태료 부과대상이 된다. 사업자라면 혹하기 쉬운 정보들이지만 국민권익위원회 관계자는 "직무상의 비밀누설도 부정청탁에 해당하므로 궁금증은 접어두는 것이 과태료 리스크를 줄이는 방법"이라고 말했다.

3 '받기 싫으면 말고' 식의 금품 제공도 처벌

'더치페이(각자 계산)'의 시대를 열 열쇠이자 김영란법의 핵심은 '금품 등의 수수 금지' 조항. 누구든지 공직자나 그 배우자에게 1회에 100만 원 또는 1년에 300만 원을 초과하는 금품을 제공하거나 제공을 약속해서는 안 된다.

숫자로 보는 금품 수수 금지 조항

이를 어기면 금품 제공자의 경우 3년 이하의 징역 또는 3,000만 원 이하의 벌금형을 받게 된다. 직무 관련자에게 1회에 100만 원 이하 또는 1년에 300만 원 이하의 금품을 전달했다면 제공한 금품의 2배 이상 5배 이하의 과태료가 부과된다. 직무와 관련이 없는 공직자에게 1회에 100만 원 이하 또는 1년에 300만 원 이하의 금품을 제공한 경우는 처벌받지 않는다.

'(공직자가) 안 받을 경우 다시 돌려받으면 문제없겠지' 식의 안일한 생각은 금물이다. 국민권익위원회는 "결과적으로 받은 사람이 없더라도 준 사람이 있다면 제공자의 법 위반행위가 성립 가능하기 때문"이라고 설명했다. 따라서 공직자가 금품 수수 사실을 신고하거나 금품을 되돌려 줘도 준 사람은 처벌 대상이 된다.

4 '3·5·10 원칙'에도 예외가 있다

문제는 '금품'의 범위에 금전뿐 아니라 음식물, 주류, 선물 등이 포함된다는 사실이다. 법안만 놓고 보면 사업자는 자기 사업의 직무와 관련된 공직자에게 아무것도 제공할 수 없다. 그러나 '사업의 기본은 인맥'이라는 말이 있을 정도로 창업자에게 '인간관계'는 매우 중요한 요소이며 그 기본은 식사와 술자리 그리고 경조사를 함께하는 것이다. 그래서 청탁금지법은 금품수수 금지에 예외 조항을 뒀다.

'3·5·10 원칙'이라 불리는 이 예외조항은 원활한 직무수행·사교·의례·부조의 목적이라면 1인당 3만 원 이하의 음식물, 5만 원 이하의 선물, 10만 원 이하의 결혼·장례 경조사비는 수수를 금지하지 않겠다는 내용을 담고 있다. 공직자에게 식사를 대접하거나 선물을 할 경우 해당 금액을 넘지 않도록 유의해야 한다. 또한 허용 금액 범위 안이라도 '잘 봐달라'는 등의 공정한 직무 수행을 방해하는 내용이 오고 간다면 처벌 대상이 될 수 있다.

만약 3만 원이 넘는 식사비용을 사업자와 공직자가 번갈아가며 냈다면 어떨까. 돌아가며 각자의 밥값을 부담한 것으로 계산해 법에 위반되지 않는다고 주장할 수 있지만 상호접대도 허용 금액을 넘으면 명백한 제재 대상이다. 국민권익위원회는 특히 "음식물과 선물을 함께 제공할 경우에는 각각의 금액이 3만 원, 5만 원 이하 기준을 충족하면서 둘을 합한 금액이 5만 원 이하여야 처벌을 피할 수 있다"고 강조했다.

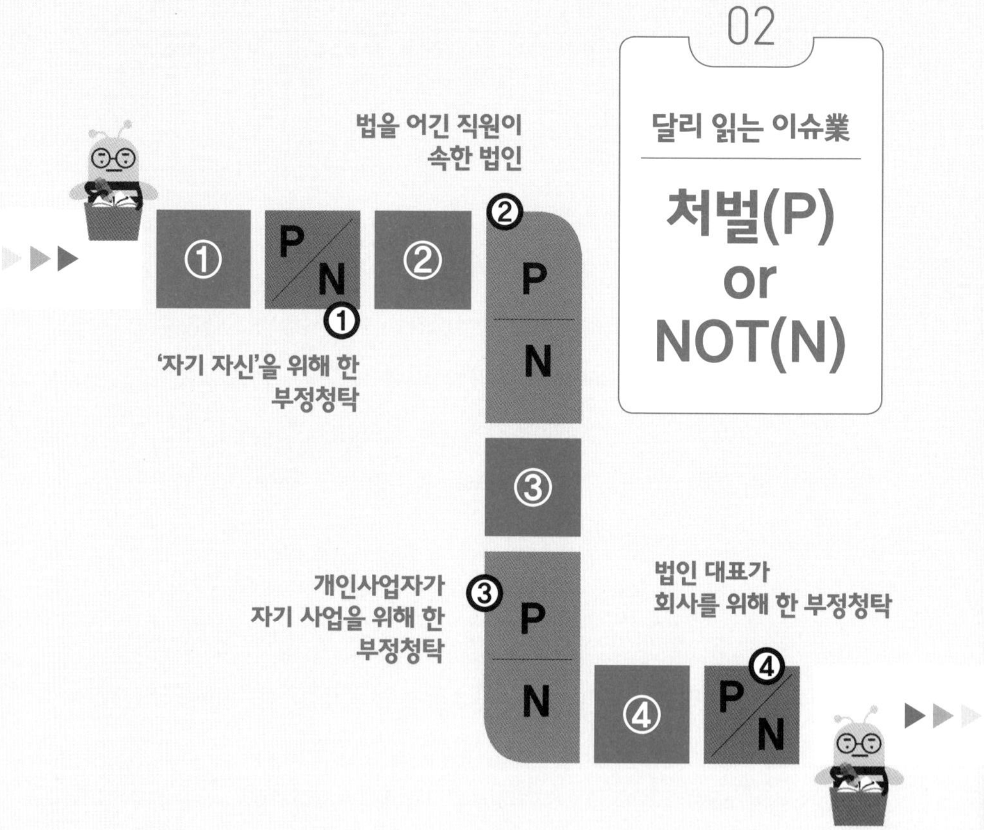

정답: 1. N 2. P 3. N 4. P

1 직원이 법을 어기면 법인도 처벌받는다

대기업들이 '부정청탁 및 금품 등 수수의 금지에 관한 법률' 발효와 동시에 직원 단속에 나섰다. 삼성그룹은 접대뿐 아니라 자체적으로 이뤄지는 회식비용도 1인당 3만 원을 넘지 말라는 지침을 내렸다. 기업 대관 담당

청탁금지법 양벌규정

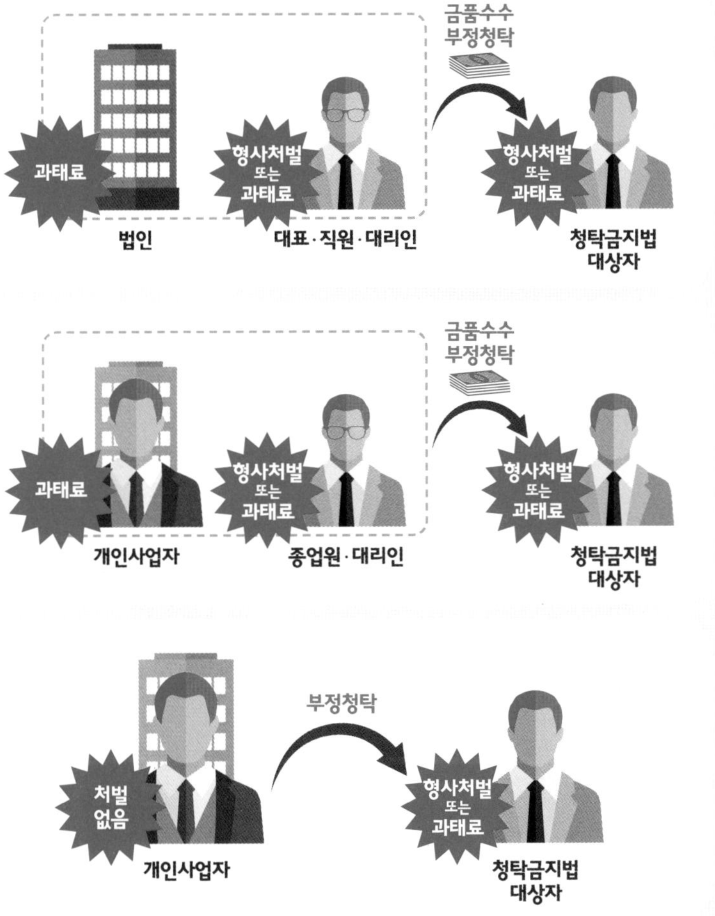

부서들은 공무원과의 식사자리를 최대한 피하는 분위기다. 기업들이 김영란법 시행에 이토록 민감한 이유는 뭘까.

기업들이 직원들에게 엄격한 지침을 내리며 촉각을 곤두세우고 있는 이유는 청탁금지법의 '양벌규정' 때문이다.

'양벌규정'은 청탁금지법 위반의 법적 책임이 법을 위반한 개인뿐 아니라 '법인'에도 있다고 보는 조항이다. 따라서 법인 및 단체의 대표, 대리인, 종업원이 업무와 관련해 부정청탁이나 금품수수를 할 경우 위법 행위자 외에 법인이나 단체에게도 벌금·과태료를 부과한다.

예를 들어 A기업의 직원 B가 업무와 관련해 공직자에게 부정청탁을 했다고 가정해보자. 그것이 기업에서 내린 지시가 아닌 개인 행동이라 할지라도 직원 B는 물론 A기업도 최대 2,000만 원의 과태료를 내야 한다.

개인사업자의 경우도 마찬가지다. 양벌규정의 대상에는 법인이나 단체뿐 아니라 '개인'도 포함된다. 개인사업자의 종업원이 사업과 관련해 부정청탁이나 금품수수를 한다면 종업원은 물론 사업주까지 처벌 받는다는 얘기다.

2 개인사업자가 자기 사업을 위해 한 청탁은 가중 처벌?

만약 개인사업자가 자기 자신의 사업을 위해 부정청탁을 한 경우는 어떨까. 청탁금지 조항과 양벌규정에 따라 사업자가 두 배의 과태료를 내게 되지 않을까 싶지만 사실은 다르다.

국민권익위원회 청탁금지법 시행준비단은 "개인사업자가 자기 사업을 위해 한 청탁은 '자기 자신'을 위한 청탁이라 볼 수 있으므로 과태료 부과 대상, 양벌규정 대상이 아니다"는 답을 내놨다. 청탁금지법의 '부정청탁의 금지' 조항에 "직접 자신을 위해 하는 부정청탁은 과태료 부과 대상에서 제외한다"는 내용이 있기 때문에 개인사업자는 어떤 처벌도 받지 않는다.

이와 관련해 기업분쟁연구소 변호사는 "형법에도 범죄자인 자식을 도피시킨 부모의 형을 면해주는 조항이 있다"며 "자신의 어려운 일을 돌봐달라는 청탁까지 법으로 과태료를 매기는 것은 과하지 않느냐"는 관념이 반영된 것이라 설명했다. 다만 개인사업자가 자신을 위해 한 청탁이라도 공직자가 이를 실행에 옮길 경우 공직자는 법에 따라 처벌받게 된다.

3 직원의 위법으로 인한 법인 처벌을 피하려면

국민권익위의 해설집은 양벌규정의 도입 이유로 "기업들의 분산된 운영과 의사결정, 복잡한 재무구조 및 회계 관행에 비춰 볼 때 법인에 대해 책임을 묻는 것은 위반행위 억제효과가 있음"을 들고 있다. 하지만 법인이 직원 개개인의 모든 행동을 규제하는 것은 불가능한 일. 그래서 법은 "다만, 법인·단체 또는 개인이 위반행위를 방지하기 위해 '상당한 주의와 감독'을 게을리하지 않는 경우 과태료를 부과하지 않는다"고 규정하고 있다.

문제는 이 '상당한 주의와 감독'의 기준이 명확하게 정립돼 있지 않다는 점이다. 국민권익위에서도 "판단기준은 향후 판례를 통해 형성이 필요한 사안"이라며 "미국에서 발전한 부패방지 프로그램Anti-corruption compliance을 고려해볼 수 있다"고 했다.

미국에서는 기업이 평소에 얼마나 효과적으로 부패방지 프로그램을 만들어 운영하고 있었는지가 기소 여부 및 양형 결정에 큰 영향을 미친다. 미 해외부패방지법Foreign Corrupt Practices Act 가이드상의 효과적인 프로그램은 명확한 약속 및 정책 확립, 자세한 윤리규정 마련, 담당자 구비 및 교육 프로그램 마련 등으로 요약할 수 있다. 청탁금지법의 양벌규정을 피해가려면 법인이 매뉴얼을 만들고 직원 교육 프로그램을 실시하는 등의 노력이 있었다는 사실을 스스로 증명해야 한다는 얘기다.

소규모 창업·자영업자들은 어떤 준비를 해두는 게 좋을까. 눈으로 볼 수 있는 문서를 만들어두는 것이 중요하며 자체적으로 매뉴얼을 구비하고 직원들에게 서약서를 받아두는 게 좋다.